Reinhard Rosenke

AF190002

Zu Fuß durch Polen

Von Berlin bis Litauen

München/Berlin 2019

Bibliografische Information der Deutschen Nationalbibliothek:
Die Deutsche Nationalbibliothek verzeichnet diese Publikation in der Deutschen
Nationalbibliografie; detaillierte bibliografische Daten sind im Internet über
http://dnb.d- nb.de abrufbar.

E- Post: reinhard-rosenke@web.de
Gestaltung: Eberhard Rosenke
ISBN 9783749485703
Herstellung und Verlag: BoD - Books on Demand, Norderstedt

Inhalt

„Alt" ist relativ

Es ist 0 Uhr 30, Zeit, das eigene Nest aufzusuchen. Das Auto brummt vor der Toreinfahrt, schnell das Tor aufschließen. Doch - wo ist der Schlüssel? Da hilft kein Abtasten aller Taschen, das Schlüsselbund liegt auf meinem Korridortischchen. Gott sei Dank habe ich für solchen Fall ein zweites Bund in der Garage deponiert. Ich muss bloß den Zaun überwinden, dann ist die Sache geritzt.

Über Zäune steigen? War nie ein besonderes Problem für mich. Dieser Zaun ist ein genormter, engmaschiger Senatszaun, der gleiche, wie ihn auch die Nachbarschaft hat. Für die Füße ist das Gitter zu eng. Also dann: hochspringen, aufstützen und hinüber. So, wie man sich im Schwimmbad am Beckenrand hochstemmt. Versuch um Versuch misslingt. Ich springe nicht hoch genug, um mich aus den angewinkelten Armen in den Stütz zu drücken. Auch reicht die Kraft meiner Arme nicht aus. Ich muss passen. Eine kuriose Situation. Was tun? Jetzt fällt mir ein, dass ich im Auto einen leeren Benzinkanister habe. Den stelle ich als Stufe an das Tor und bin im Nu auf der anderen Seite.

Im Bett komme ich ins Grübeln. Wie eine Niederlage erscheint mir das soeben Erlebte. Es ist allerdings nicht die erste der letzten Jahre. Denn schnell schiebt man unwichtige, kuriose Fehlleistungen auf das Alter. Andererseits: Wann beginnt denn wohl „das Alter", auf das man seine Fehler schieben kann? Jeder Abschnitt des Lebens führt zu einem spezifischen Verhalten. Mit meinen Altersgenossen lässt es sich gut scherzen über vermeintliche kollektive Alterserscheinungen. Das geht (im Bewusstsein eigener Stärke) bis zu Witzchen und Anspielungen auf „typisch" dementes Verhalten, ganz zu schweigen von „Alzheimer". Aber beweise ich nicht durch meine Schilderung kleiner Schwächen eine Distanziertheit, die mich über jeden Verdacht enthebt?

Ja, so kompliziert können theoretische Spielereien über den aktuellen Lebensabschnitt sein. Ich sollte alles gelassener hinnehmen. Bin doch im Mai immerhin 79 geworden. Also: Vergiss die Kletter„niederlage"! Denk an den langen Weg, von dem du vor wenigen Tagen zurückgekommen bist! Aus dem Dunstkreis Berlins bist du vor sechs Wochen aufgebrochen (es war der 21. April) und bist quer durch den Nordosten Polens gelaufen, bis an die litauische Grenze. Alleine, ganz auf dich gestellt. 1100 Kilometer stecken noch in deinen Beinen. Du hast Ausdauer, Willen und Härte bewiesen. Kein

Wehwehchen hatte dich behindert. Den Gesundheitstest hast du bestanden. Also - sei nicht so streng mit dir! Sei zufrieden! Zufrieden finde ich dann auch schnell in den Schlaf.

Vor dem Start

Das Abenteuer einer großen Reise beginnt immer mit einer Idee. Das war bei mir im Jahr 2018 die Lust auf eine große Wandertour, wie ich einige schon hinter mir hatte. Wie wär's mit dem „Appalachian-Trail", über den ich unlängst im Fernsehen einen Film gesehen hatte? Es ist ein Fernwanderweg in den nordamerikanischen Appalachen. Als ich aber durch einen noch jüngeren Film erfuhr, dass sich auf der Anfangsstrecke mit der Menge von Wanderern auch Müll und andere Hinterlassenschaften häuften, verlor ich die Lust. Mir kam unser Nachbarland Polen in den Sinn, das ich seit 2006 dreimal mit dem Fahrrad durchfahren hatte und in dessen gebirgigem Süden ich auch schon geklettert war. Alles sprach für Polen.

Ja, in Polen wollte ich laufen! Ein polnischer Kartenatlas leitete bei der Vorbereitung meinen Zeigefinger in den Norden. Nicht an die Küste. Einige -zig Kilometer südlich, wo man nur selten auf größere Städte trifft. Autoverkehr ist des Wanderers verhasster Feind und in der Nähe von Städten besonders unerträglich. Die Route bleibt durchweg in den früheren preußischen Provinzen Neumark, Posen, Westpreußen und Ostpreußen. Meine Nase sollte tagtäglich nach Nordosten gerichtet sein. Ich zählte auch die Kilometer, um eine Vorstellung von der Länge meines Weges zu bekommen. Es ging nicht um den kürzesten Weg, sondern um den vermutlich ruhigsten und landschaftlich schönsten. Dabei kam ich auf 880 Kilometer. Kaum zu fassen!

Wie und wo wollte ich eigentlich meine Nächte verbringen? Mit einem Bett war nicht überall zu rechnen. Aus dem Keller holte ich den großen Rucksack, das Einmann-Zelt, den Schlafsack und die Luftmatratze von „Globetrotter". Auch der rote Seesack von „Ortlep" musste her. Ein leicht muffiger Geruch breitete sich in meinem Zimmer aus. Ich bin nicht unerfahren beim Packen und bei der Auswahl der nötigsten Dinge. Zum Packesel bin ich nicht geschaffen, und einen echten Esel besitze ich leider nicht, dem ich die Bürde aufladen könnte. Wie konnte ich mir trotzdem meinen Wunsch erfüllen? Zusammen mit Evelyn suchte ich nach einer Alternative.

Über das Internet wurden wir fündig: Ben Größle aus dem Schwarzwaldort Oppenau hatte eine „Lastenkarre" konstruiert, die es wert war, vor Ort in

Augenschein genommen zu werden. So fuhren wir im Herbst in den Schwarzwald, wo ich mir das Gefährt ansehen und ausprobieren konnte. Schnell war ich von diesem „Wander-Sulky" überzeugt: ein leichtes Tragegestell auf zwei Rädern, ein breiter Hüftgurt und zwei Teleskop-Deichseln bilden die Hauptbestandteile. Alles in bester Qualität. Mein neuer Reisegefährte wurde ins Auto gepackt und fand in Berlin sein Zuhause.

An einem frühen Herbstmorgen spannte ich mich vor den mit 25 kg beladenen Sulky und lief die 45 Kilometer bis zum „Spargelstädtchen" Beelitz. Am nächsten Tag ging's wieder zurück. Zwischen mir und meinem Lastenträger bestand von Anfang an die größte Harmonie, und der Test wurde glänzend bestanden. Ab April wuchs auf dem Tisch ein kleiner Berg notwendiger Dinge heran. Das „Wohnen" sollte der große Rucksack übernehmen. Für das andere war der rote Seesack zuständig. Ein kleiner, praktischer Rucksack für schnellen Zugriff beim Laufen war unvermeidlich. Längst schon stand der Starttag fest : Ostermontag, der 22. April 2019.

An der Oder

Als letzten Übernachtungsort auf deutschem Boden habe ich Oderberg ausgesucht. In Schiffsmühle, direkt vor dem Wohnhaus von Theodor Fontanes Vater Louis Henry (†1867), der dort als alter Mann seine letzten Jahre verbrachte, beenden liebe Worte und Winkewinke den letzten Kontakt zwischen Evelyn und mir. Ich habe drei Stunden zu laufen, und die Sonne knallt mir aufs Dach. Was ich nicht ahnte: mein für „Oderberg" gebuchtes Hotel liegt vier Kilometer außerhalb des Ortes, zudem in der Gegenrichtung zu meiner morgigen Strecke. Meine braven Laufbeine hätten das ohne zu murren bewältigt, aber der Kopf ist sauer, hält sich für angeführt.

Zwei Minuten vor dem Schließungstermin um 15 Uhr dränge ich in eine große, zentral gelegene Pension. Ich bekomme eine magnetische Türöffnungskarte und einen Schlüssel für den Ausgang. Die Küche ist geschlossen. Das Gepäck stelle ich in eine Ecke und mache mich sogleich auf zum nächsten „Imbiss-Restaurant". Es gibt nur Leberkäs - arg angebrannt, mit ausgekochtem, fadem Sauerkraut. Ein kaltes „Pils" spült die Enttäuschung hinunter.

Zurück im Hotel freue ich mich auf mein Zimmer. Pustekuchen, die eingeschobene Karte erzeugt weder ein Signal, noch öffnet sie die Tür. Kein Mensch weit und breit, den ich fragen kann. Das Personal hat sich längst in die österliche Freizeit aus dem Staube gemacht. An der Eingangstür entdecke ich eine Telefonnummer. Sie bleibt unbeantwortet. Ich kann nur warten und immer wieder wählen, mehr als eine Stunde lang. Nur so nebenbei frage ich einen alten, vorbeiradelnden Mann mit Hund, ob er weiß, wo jemand von diesem Hotel wohne. „Ja, kenn ick, sach Bescheid." Das ist schon mal ein Glück.

Endlich braust ein Auto herbei. Die Chefin persönlich steigt aus, fragt sogleich nach der Zimmernummer. Ärgerlich konstatiert sie, dass man mir ausgerechnet das einzige Zimmer mit diesem Defekt gegeben hatte. Somit beziehe ich das Nachbarzimmer, bin sowieso der einzige Hotelgast. Da kann ich mich beim Frühstück schon an das Alleinsein gewöhnen. Der Frühstückstisch weckt sofort die Jäger- und Sammlermentalität in mir. Ein Teil von Brot, Käse, Wurst und Obst wandert in den Rucksack: Vorratswirtschaft.

Die Landkarte rät mir zu einem schönen Weg entlang der Alten Oder nach Hohenwutzen. Von dort führt eine der wenigen Oderbrücken nach Polen. Friedrich der Große hatte hier vor 250 Jahren der Oder ein neues Bett graben lassen und somit auf friedliche Weise viel Land gewonnen. Wie so viele große Flüsse ruft auch die Oder dem Geschichtsinteressierten das Wort „Schicksalsfluss" ins Gedächtnis. Hier fand im April 1945 mit der Überquerung der Oder und Erstürmung der Seelower Höhen durch die Rote Armee die größte jemals auf deutschem Territorium stattgefundene Schlacht statt. Die hohen Sanddünen bedecken das ausgelöschte Leben von mehr als 45.000 jungen Deutschen und Russen. Danach hatte die Rote Armee bis zur Reichshauptstadt kein großes natürliches Hindernis mehr zu überwinden und hat dem Naziregime schnell ein Ende bereitet.

Witamy w Polsce – Willkommen in Polen

Ich lehne mich über das Brückengeländer und freue mich über die Lebendigkeit des Wassers, welches zur Zeit aus den Bergen, den östlichen Sudeten Tschechiens, guten Nachschub zu erhalten scheint. Ich könnte hundert schnelle Fotos von meinem Spiegelbild im Bereich des Brückenpfeilers unter mir machen, sie sähen alle gleich aus. Und doch gäben sie nie dasselbe Bild von mir wider, denn „alles fließt"...

Die größte Freude empfinde ich stets von neuem beim Überschreiten einer jetzt nahezu unsichtbaren Grenze eines Landes der ehemaligen Warschauer-Pakt-Staaten. Der friedliche Übergang in den Bund der westlichen Demokratien wird wie die Wiederherstellung der deutschen Einheit der Höhe-

Oderberg

Brücke über die Oder

Mein Gepäckwagen

Badeanstalt in Moryn/Mohrin: Erstes Nachtlager

Chaussee in der Neumark

Der Mann mit dem Wägelchen

Pause

Feierabend im Wald

punkt meines Lebens bleiben. Immer ergreift mich bei Grenzübergängen in Osteuropa und an der früheren innerdeutschen Grenze eine tiefe Genugtuung.

Den sogenannten „Polenmarkt", der wegen des günstigen Umtauschkurses vorwiegend von Deutschen besucht wird, lasse ich links liegen. Mit der Sloty-Währung bin ich gut versorgt. Die Scheinchen stecken in zwei Gürteln und in zwei Brieftaschen. Hundert Schritte entfernt vom Getriebe des Polenmarktes, mit dem Asphalt der Chaussee 126 unter den Füßen, kann ich mich ungestört auf meine Situation besinnen. Was mich durch Monate, Wochen und Tage beschäftigt hatte, ist Wirklichkeit geworden. Ich muss mit dem, was ich bin und bei mir habe, auf lange Zeit zurechtkommen. Jeder Schritt nach Osten entfernt mich von meinem Wohnort im gleichen Maße, wie er mich meinem Ziel Suwałki, der Stadt nahe der litauischen Grenze, näherbringt.

Lange, bevor zu späterer Stunde Mühe, Plackerei und Nachdenklichkeit von meinem Fühlen und Denken Besitz ergreifen, packt mich auf den ersten Kilometern entlang der Oder eine unbeschreibliche Lebenslust. Wie ein Vagabund, frei und nur mir selbst verantwortlich, treibe ich durchs Land! Sonnenschein bringt das Grün der Bäume zum Leuchten, gibt dem Strom sein dunkles Blau, schärft die Konturen der in der Ferne ausgebreiteten, von Gras und Gesträuch hellgrün gefärbten Oder-Dünen. Von Schiffsverkehr keine Spur, obwohl doch das oberschlesische Industriegebiet um Breslau/ Wroclaw, Oppeln/Opole und Beuthen dank der Oder einen Zugang zum Meer hat. Aber die Zeiten haben sich geändert. Nur selten tuckert ein Lastkahn nach Süden oder Norden. Der Strom hat Glück, wird vom Menschen nicht übermäßig beansprucht.

Mein Wägelchen rollt leicht und geräuschlos. Das Gewicht meiner Arme reicht aus, um die Deichseln in Hüfthöhe zu halten, das kostet keine Kraft. Den Hüftgurt spüre ich kaum. Die Gegend ist hügelig: ein leichtes Ziehen ist angesagt, na, auch bergab wirkt die Schwerkraft. Ich kann bei starkem Gefälle die Handbremsen anziehen. In Küstrinchen lockt mich ein Gasthaus zur Einkehr. Hier kann ich draußen sitzen und schaue auf einen Altarm der Oder, der von hohen Erlen beschattet wird. Mit Dietrich und Uta haben wir hier bei Kristina einst unser Bier getrunken. Diesmal bringt mir Kristina Kartoffelpuffer mit Apfelmus.

Märchennacht

Meine erste Nacht will ich im Städtchen Moryn/Mohrin verbringen. Bis dahin sind es von meinem Start in Oderberg rund 30 Kilometer. Schöner kann ich mir den Auftakt meiner Wanderung nicht vorstellen. Das Gebiet gehört zum „Nationalpark Untere Oder". Ich könnte ebenso gut in der Schorfheide laufen, mit diesem ungezähmten Mischwald zu beiden Seiten der Chaussee, die kaum befahren wird.

Es liegen elf Stunden hinter mir, als ich das Stadttor der alten Kleinstadt Moryn überschreite. Gemütlich wirkt der Straßenzug mit den niedrigen, miteinander verbundenen Reihen der Häuser: 18./19. Jahrhundert, schätze ich. Menschenleere. Ich bin mir sicher, hier ein Hotel zu finden, muss nur einen Bürger finden, den ich fragen kann. Aha, dort liegt ein Mann im Fenster! Schwarze, angeklatschte Haare, große Nase, Goldkettchen um den Hals, unsympathisch. „Nein, hier gibt's kein Hotel!"

Inzwischen weht ein rauer Abendwind, graue Wolken verdunkeln den Himmel. Es wird Zeit, ein Plätzchen für mein Zelt zu suchen. Ringsum Acker. Entlang der Stadtmauer windet sich ein Weg hinunter zum Moryner See. Vorbei an einigen Villengrundstücken lädt mich eine offenbar neu gestaltete, eingezäunte Badeanstalt mit Strand, Rasenflächen, Steg und langgestrecktem Flachbau zum Bleiben ein. Denn die Pforte steht offen. Das Gelände ist sauber und gepflegt. Da es anfängt zu sprühen, suche ich mir einen überdachten Winkel neben den verschlossenen Umkleidekabinen aus. Das Zelt bleibt eingepackt.

Die heftige Abendbrise lässt den großen See brausen und schäumen. Es ist spät, fragenden Blicken von Menschen werde ich mich hier nicht aussetzen müssen. Das Oderberger Frühstückspäckchen reicht, um meinen Hunger zu stillen. Bald ist es dunkel und ich beziehe mein Lager. Aber dunkel ist es nur außerhalb dieses Gebäudes, ich liege in einem von mehreren Deckenleuchten sinnlos bestrahlten Bereich. Vom See her muss es wie eine Theaterbühne wirken, mit einem müden Schauspieler. Vielleicht erlöschen die Lichter um 22 Uhr... Dann sinke ich in Morpheus' Arme.

Als ich aufwache, mein Kopf befindet sich in Bodennähe, bannt meine schlaftrunkenen Augen der Anblick eines schwarzen Ungeheuers nicht weit vor meiner Nase. Ein großer schwarzer, lebendiger Klumpen, der mich anstarrt. Für einen Moment ist mir gruselig zumute. Könnte dieses ein Albtraum sein? Nein ich bin wach. Das Monster entpuppt sich als riesige schwarze Erdkröte. Man weiß von Exemplaren mit 20 cm Länge. Als

Freund aller Frösche und Kröten stört es mich nicht, wie sie da hockt und mich anglotzt. Verdammter Mist, die Lampen strahlen noch immer!

Beim nächsten Erwachen frage ich mich: „Will sie mit mir schmusen?" So scheint es, denn indem sie ihre langen schwarzen Extremitäten ausstreckt, bewegt sich die Kröte im Watschelgang langsam auf mich zu. Ich und die Kröte – Märchenstimmung, das heißt: Je hässlicher die Kröte, desto schöner die Frau, die in ihr steckt? Ich sollte ihre warzige Haut küssen... Erst mit der Morgendämmerung hat unser Rendezvous ein Ende.

Gehen im 4/4-Takt

Was war es wert, dass ich mich seit Beginn des Jahres jeden Tag mit der polnischen Zischlaut-Sprache herumquälte? „Polski jest taki trudny - polnisch ist so schwer" ist ein Satz aus dem Lehrbuch. Manchmal brauchte ich Tage, bis sich bestimmte Wörter und Sätze in meinem Gedächtnis festsetzten. Mit den unmöglichsten Brücken und Stützen leitete ich mir Wörter herbei, wobei diese „Gedächtnisstützen" eigentlich schwerer zu rekapitulieren waren als das gewünschte Wort. „Jestemz Niemiec. Mieszkam w Berlinu" - Ich bin aus Deutschland. Ich wohne in Berlin" und „piecza wedrowka" - Wanderurlaub" bildeten die Stammzellen meines erlernten Wortschatzes. Meine schon fast in Vergessenheit geratenen Russischkenntnisse, wie polnisch eine slawische Sprache, halfen mir beim Lernen ein wenig.

Ich brauche in Moryn für den Zweitagesmarsch nach Mysliborz/Soldin einen Lebensmittelladen: „Guten Tag, entschuldigen Sie, wo gibt es hier einen Lebensmittelladen?" Die Leute bleiben nicht stehen, hasten vorbei oder schauen bei meinem Näherkommen weg. Ich spreche weder deutsch, noch englisch, sondern in der polnischen Landessprache. Schließlich mit Erfolg. Das gibt mir Mut. Die drei Fragen : Wohin laufe ich heute? Wo werde ich schlafen? Bin ich mit Essen und Trinken gut versorgt? sind für mich existenziell, Tag für Tag.

Meine Gangart im 4/4-Takt auf den Landstraßen bleibt präzise bei vier Kilometern pro Stunde. Da lässt sich abends die zurückgelegte Distanz schnell berechnen, abzüglich der kurzen Imbisspausen. Die Karte im Maßstab von 1 : 200.000 gibt mir im Voraus wichtige Informationen. Mein Vergnügen und meine Arbeit verteilen sich auf acht bis neun Stunden am Tag. Gerade beschatten in gleichmäßigem Abstand kräftige Linden zu beiden Seiten meine Straße. Die stammen noch aus deutscher, genauer: aus preußischer Zeit. Konsequent, auf Anordnung „von oben" hin mussten Landstraßen mit

Linden, Kastanien, Eschen oder Eichen bepflanzt werden. Ein sichtbares Beispiel in Berlin ist die Potsdamer Chaussee mit ihren hohen Eichen und dem alten Meilenstein.

Ich bin den alten Veteranen hier in der Neumark dankbar für ihren Schatten, knallt doch die Aprilsonne mit ungewohnter Hitze herab. Am blauen Himmel verteilen sich ein paar Schäfchenwolken. Es duftet nach Honig. Das Gelb der blühenden Rapsfelder steht in Kontrast mit dem saftigen Grün eingesprenkelter Wiesen und kleiner Teiche. Wilde Kranichschreie verraten mir, wo die Pärchen ihren Nachkommen das Überleben beibringen. Die lang gezogenen Bodenwellen des Baltischen Höhenrückens geben der Landschaft ein lebendiges Gepräge und machen die Landstraßen kurvenreich.

Ich weiß, dass ich heute im Zelt übernachten muss. Es hat noch Zeit, darüber intensiver nachzudenken. Meine Gedanken trudeln bunt durcheinander, werden von der großen, weiten Landschaft in die Schranken verwiesen. Manchmal scheint mir, ich hätte geträumt. Als schließlich dichter Wald den Fernblick verschließt, bin ich wie abgeschirmt von allen Geräuschen. Die kleinen Sänger haben ihr Pensum schon längst erledigt. Jetzt durchbrechen hin und wieder die rauen Rufe von Krähen und Eichelhähern die Stille.

Um 18 Uhr ist es Zeit, sich nach einem Schlafplatz umzusehen. Auf meinen Fahrradreisen hatte ich dafür einen größeren Spielraum. Zu Fuß muss sich die Suche auf höchstens zwei zusätzliche Kilometer beschränken. Jedes der wenigen Autos ruft mir zu: „He, warum läufst du eigentlich? Diese Zeiten sind vorbei!" Ich lege in einer Stunde nur 1/30 seiner Strecke zurück. Aber gerade darin liegt der Reiz meiner Reise. Mein Motto heißt: Nimm dir Zeit und lass dir Zeit... Der Wald dient mir unterwegs als Wohnung, am liebsten Kiefernwald. Der ist licht und trocken, und die rote Waldameise lässt sich gut aufspüren, damit man ihre Nachbarschaft meidet.

Heute wünsche ich mir einen breiten Weg quer zur Straße. Solche Wege dienen dem Abtransport des geschlagenen Holzes. Mein Wunsch erfüllt sich. Auf einem grasbewachsenen Weg dringe ich in den dichten Mischwald ein und mache Halt bei einer Buchengruppe mit wenig Unterholz. Runter mit der Last! Schuhe aus! Hemd und die durchgeschwitzte Weste zum Trocknen über einen Strauch gehängt! Ohne durchzuschnaufen prüfe ich den Boden, auf dem das Zelt stehen soll. Weg mit trockenen Ästen, Ranken und Minibäumen!

Hörst du die Landstraß', wie sie lockt und ruft...

Pause

Badegelegenheit

Erfrischung

Nachtquartier

Der Teekessel summt

Nach nasser Nacht

Der Zelteingang soll in Richtung Morgensonne zeigen. Mit den Heringen wird das Zelt am Boden festgenagelt. Das lange, zusammensteckbare Aluminiumrohr, Rückgrat des Zeltes, schiebe ich in den Stoffkanal, und schon steht mein kleines Ein-Mann-Haus. Die Spannschnüre mit den Heringen fixieren und straffen die Zeltwände.

Jetzt kann das gemütliche Lagerleben beginnen. Labberige Brötchen, Käse, Tomate, viel Wasser - das ist mein Dinner. Zu Hause hätte ich bis jetzt schon das Dreifache intus. Mücken und Fliegen sind erträglich, aber um 20 Uhr krieche ich in meine Behausung, lege die Route für morgen fest und schreibe Tagebuch. Griffbereit liegen einige Gummibärchen, mit denen ich mir die gespeicherte Lektüre aus dem E-book-Gerät versüße. Abends werden die Singvögel noch mal munter und trällern mich in einen tiefen Schlaf.

Für ein Bett lässt man Federn

Werde ich heute die Nacht in einem Bett verbringen? Per Handy fand ich in der Stadt Mysliborz/Soldin das Hotel „Piast". Ich muss einen Bogen nach Norden machen und wohl oder übel ein paar Kilometer auf der Straße 23 laufen. Davor graut mir. Noch fehlt mir die Routine beim Zusammenpacken und Festschnüren meiner Habe. Anstelle des prall gefüllten 4-Liter Wasserbeutels hängt an der Sulkydeichsel seine schlaffe Hülle. Wie der Zentimeterriss in das feste Plastikmaterial gekommen ist, bleibt mir ein Rätsel. Jetzt muss mir für den langen Weg der halbe Liter aus meiner „Nachtflasche" reichen.

Da mein Zelt vom Morgentau und meiner Atemluft nass ist, breite ich es beim ersten kleinen Imbiss auf einer Waldlichtung zum Trocknen aus. Das ist schnell erledigt, denn die Sonne beherrscht den Himmel, ihre Strahlen markieren grell leuchtend bestimmte Stellen des dunklen Waldes.

Die Straße ist zweispurig. Ich laufe auf der linken Seite dem Verkehr entgegen. Links von mir ist kein Ausweichstreifen. Für entgegenkommende PKWs muss ich nur dann nach links ausweichen, sobald auf der anderen Seite gleichzeitig ein Auto vorbei fährt. Anders ist es bei großen Brummis. Da verlasse ich die Fahrbahn und warte, bis das Ungetüm vorbeigerauscht ist. Ein schlimmer Kontrast zu meinen einsamen Waldstraßen. Abgase und Lärm, reduziertes Lauftempo. Die Sonne bearbeitet mich, ich muss mit meinem Wasser haushalten. Endlich kommt die Abzweigung! Aufatmen.

Hier bewege ich mich durch baumlose Felder. Der Feldweg mausert sich zu einer asphaltierten Landstraße. Sie wirkt kahl und abweisend, ohne Bäume.

Schluckweise teile ich mir mein weniges Wasser ein. In einigen Wegmulden steht noch Wasser vom letzten Regen. Ich tränke darin ein Handtuch und kühle meinen Kopf.

Nach 26 Kilometern bin ich in der Stadt, die vor langer Zeit einmal Hauptstadt der Neumark war. Die vier Buchstaben LIDL assoziiere ich wie ein Wüstenwanderer mit OASE. Als erstes kippe ich einen Liter eiskalter Milch in mich hinein. Eiskalt erscheint mir ebenso der starke Luftstrom aus der Klimaanlage, der über meinen durchgeschwitzten Körper streicht. „Wenn das mal gut geht", denke ich. Im Hotel „Pilar" gibt es ein freies Zimmer für mich und damit die kalte Dusche und das große Bier.

Mein Wunsch, "do kawjarni" (ins Café) zu gehen, bleibt ein frommer. Das gibt es hier nicht. Eine Eisbude wird von Kindern belagert. Am Rynok (Marktplatz) stehen Bänke unter hohen Bäumen. Ohne Durst und in der Vorfreude auf eine gute Abendmahlzeit sitze ich und beobachte das friedliche Treiben der Menschen. Neben mir und gegenüber unterhalten sich kreischend dicke Roma-Frauen. Ich bummle an der Kirche vorbei, kaufe in einer Apotheke Mineraltabletten und verziehe mich in mein Hotel.

Rätselhaftes Geldgeschenk

Eine erstaunliche Begegnung prägte den heutigen Freitag, den 26. April. Nach fünf Stunden bei über 30 Grad lande ich im Dorf Nowogrodek/Neuenburg. Im kleinen Dorfladen versorge ich mich mit Wasser und einem Kuchenstück und genieße beides vor dem Laden. Da spricht mich ein etwa vierzigjähriger Mann an. Unter einem wirren Haarschopf feine, freundliche Gesichtszüge, in seiner Kleidung und Haltung etwas verpennert, aber rasiert und sauber. Er fragt auf Polnisch nach meinem Woher und Wohin und gibt mir zu erkennen, dass er mich zum Kaffee bei sich einlädt. Sein Haus liege in meiner Richtung, drei Kilometer vom Dorf entfernt.

„Danke, das ist sehr nett." Ich versuche das Gespräch mit meinem spärlichen Wortschatz zu lenken, aber meist gehen wir stumm nebeneinander her auf der ruhigen Landstraße. Treffen wir auf Leute, wechselt er mit ihnen ein paar Worte. Dann holt er mich wieder ein. Auf einmal zieht er aus seiner Brieftasche einen 100-Sloty-Schein (25 €) und gibt ihn mir. Ich protestiere, sage, ich hätte genügend Geld. Nein, geschenkt ist geschenkt! Ich kann's nicht verstehen.

Endlich biegen wir in einen Feldweg ein, Andrzej zeigt auf einen kleinen, einsamen Bauernhof. „Komm, jetzt trinken wir Kaffee!" Wir werden von seiner Frau und dem freundlichen Hund Brutus begrüßt. Die Frau weist die Gesichtszüge einer starken Raucherin auf und nimmt ihm ungeduldig die gekauften Zigaretten ab. Wir versammeln uns in der kleinen Wohnküche. Schon steht ein Teller mit Nudeln Hühnerbrühe und zwei Hühnerkeulen vor mir. Das schmeckt vorzüglich: „Jedzenie bylo wysmietity! - Das Essen war wunderbar!" Anschließend Brot, gekochte Eier, eingelegter Fisch und saure Gurken.

Eine Flasche Wodka steht schon bereit, und ich kippe ein Glas hinter die Binde. Es folgt Kaffee mit gefülltem Bienenstich. Frau und Mann schauen mir zufrieden zu. Er legt mir eine Handvoll großer, eingewickelter Bonbons auf den Teller- zum Mitnehmen. Außerdem fünf nagelneue Kugelschreiber. Ich soll unbedingt bis morgen bleiben.

Es fällt mir schwer, diesem Angebot zu widerstehen. Aber uns fehlt für gemeinsame Stunden die Verständigungsmöglichkeit. Ich will nicht andauernd sagen müssen: „Nie rozumiem - Ich verstehe nicht". Dabei ist mein Interesse an polnischer Geschichte, mehr noch an Familiengeschichte, riesengroß. Um mir seine Adresse aufzuschreiben, geht Andrzej hinaus. Jetzt kann ich seiner Frau schnell und verschwörerisch den Geldschein zurückgeben. Überschwänglich drückt sie mich dafür. In Begleitung des kleinen schwarzen Hundes Brutus zeigt mir Andrzej vom Haus aus seinen wunderschönen See mit den umliegenden Wiesen. Er erzählt, dass dieser kleine Hof einst von Deutschen bewohnt wurde, wovon auf dem Dachboden tief ins Gebälk gekerbte deutsche Namen zeugen.

Winkend setze ich meine Wanderung fort, tief in Gedanken. Was hat Andrzej zu solcher für mich und auf meine Person bezogen unfassbaren Freundlichkeit und Zuneigung bewogen? Denn er nahm sich keine zwei Minuten bis zu seiner Einladung, keine 15 Minuten bis zu seinem Geldgeschenk. Weckte der „Alte aus Berlin" - „Ile ma pan lat? Wie alt sind Sie?" - sein Mitleid? Nein, ich hatte ihm die sportliche Note und meine Liebe zu schönen Landschaften verständlich gemacht: „Polska jest bardzo piekny - Polen ist sehr schön." Seit der Öffnung des „Eisernen Vorhangs" kann ein Deutscher auch nicht mehr als interessanter Exot betrachtet werden. Für mich gibt es keine schlüssige Antwort auf meine Grübelei.

Jeder Tag hat einen Morgen

In Ljubjanka, einem Dorf, in dem ich mit einem Laden rechnete, um zwei 1½-Literflaschen für den Abend, die Nacht und den nächsten Vormittag zu kaufen, gibt es keinen „Sklep" (Laden). Ich bin erheblich ausgedörrt. Nach den Regeln von Großstadtmenschen fehlen mir seit Beginn der Reise wahrscheinlich so viele Liter Flüssigkeit, dass ich nach menschlichem Ermessen schon eine vertrocknete Mumie sein müsste.

Der momentane Durst treibt mich mit einer großen Flasche auf einen Hof, wo Kinder mit ihrem Hund spielen. Sie verstehen mein Anliegen und füllen die Flasche mit Wasser. Als ich weiterziehen will, kommt die Mutter über die Straße gelaufen und bringt mir eine große, ladenfrische Flasche (niemineralnaja woda). Sollte man sich da nicht wohlfühlen in diesem Land?

Ich habe noch ein ordentliches Stück zu laufen, Gott sei Dank, auf einer alten buckeligen Waldstraße. Nach dem zurückliegenden Erlebnis großer Gastfreundschaft fühle ich mich vom Wald ebenso herzlich eingeladen. Am liebsten würde ich das 18 Uhr-Feierabendgebot überziehen, aber die Hitze hat Wolkengebirge produziert, die auf Entladung warten. Hinter einem Holzstapel, der mich von der Buckelpiste abschirmt, errichte ich mein Lager. Zwischendurch ist Trinken angesagt, Essen ist kleingeschrieben. Im Zelt erlebe ich die befreiende Wetterdramatik - donnernd, krachend, stürmend, gießend. Als es längst dunkel ist, wird mein Domizil vom Feuerwerk erhellt. Das Pladdern auf den dünnen Stoff macht mir keine Sorgen. Drinnen bleibt es trocken. Der Schlaf wird herrlich.

Diese Kranichschreie! Auch am Stadtrand von Berlin kreisen sie öfter, als brauchten sie Zeit, um sich für die beste Richtung zu entscheiden. Wir erleben sie im Herbst in großen Gruppen in den umliegenden abgeernteten Maisfeldern, im Frühjahr erwarten wir ihr keilförmiges Flugbild zurück an der Ostseeküste, von wo sie sich auf günstige Brutplätze in ganz Mecklenburg-Vorpommern und Bandenburg verteilen. Für mich sind sie vom ersten Wandertag an gute Bekannte, ich weiß, hier finden sie in Brüchen und Sümpfen die besten Bedingungen, um ihre Jungen großzuziehen. Früher hielt man gefangene Kraniche in Geflügelhöfen, wo sie die Hühnerschar gegen jeden Angriff aus der Luft verteidigten. Der Kranich galt überhaupt als ein Sinnbild der Wachsamkeit. Ich habe oft erlebt, dass sie meine Annäherung nur bis zu einer großen Distanz duldeten.

Zum Aufwachen brauche ich keinen Wecker. Zwischen 5 und 6 Uhr bin ich ausgeschlafen. Ich graule mich immer vor dem, was kommt, bevor ich starte. Im Liegen ankleiden (Strümpfe und Schuhe schwierig), die Textilbeutel (mein Kopfkissen) in den Seesack. Kamera, Smartphone, E-Book und Speichergerät in den kleinen Rucksack. Landkarten, Tagebuch und Taschenlampe dort in ein Extrafach, ebenso die Gummibärchen. Schlafsack in die Hülle, Luftmatratze zusammenrollen und ebenfalls in eine Hülle. Hinauskriechen in tau- oder regennasses Gras, Nachttopf (abgeschnittene Wasserflasche) ausgießen, „aufs Örtchen" gehen. Die knappen Lebensmittel fürs Frühstück sortieren, den Sulky beladen und sorgfältig die Gurte festzurren.

Nach dem Aufstehen ist mir im Wald immer daran gelegen, wenigstens ein Mindestmaß an Hygiene einzuhalten. Mit einem angenässten Taschentuch wische ich mir über Gesicht und Haare, putze mit einem Schluck Wasser die Zähne und spende dem Gesicht einen Finger voll Nivea-Creme. Das Rasieren verschiebe ich auf einen Tag im Hotel. Diese 90 Minuten widern mich an.

Jetzt noch ein paar Schluck Wasser, dann beginnt der angenehme Teil des Tages: laufen und schauen. Das Unwetter der Nacht gibt dem Tag heute Frische und mir Fröhlichkeit. Das Blattwerk glänzt wie gelackt. Die Bäume der ersten Reihe neben meiner buckeligen alten Waldstraße drängen sich vor wie ein neugieriges Publikum, das nach dem einsamen Waldgänger Ausschau hält. Ich defiliere vorbei an Tannen, Buchen, Eschen, Birken und Eichen. Ihre Wipfel beugen sich zu mir hin. Immer weiter geht es so, von vorn winken schon die nächsten mit starken Ästen und dem speziellen Grün ihrer Art. Hin und wieder blinkt eine Wasserfläche durch die grüne Wand, mit dem Spiegelbild eines rotbraunen Schilfgürtels und dem Geheimnis ihrer dunklen Tiefe. Im Morast des Uferstreifens entfalten sich die gelben Blüten der Sumpfdotterblumen.

Diese Freundlichkeit...

Der schmale Kiesstreifen neben dem Katzenbuckel ist durch den Regen fest geworden. So rollt ein Rad meines Lastenträgers auf der Holperpiste und das andere leicht und geräuschlos auf dem Sand. Stunden vergehen. Vom Wald umzingelt, liegen inmitten einer kleinen Lichtung einige alte, ehrwürdige Häuser. Lipy scheint ein Urlaubsnest zu sein, dicht am See. Ich sehe keine Seele, aber Angeln, Kähne und Fahrräder deuten darauf hin.

Schnell bin ich wieder im Wald, passiere Rybakowo und überquere am frühen Nachmittag die stark befahrene „Bundesstraße" 22. Mein Ziel Strzelce Krajenskie/Friedeberg hat ein Hotel, dort will ich hin! Mir schwant, es wird ein Gewaltmarsch bis 20 Uhr. Will ich nicht auf der Straße 22 gehen, muss ich mich Waldwegen anvertrauen.

In einer winzigen Siedlung frage ich einen jungen Mann nach dem richtigen Weg. Er ist damit beschäftigt, ein Auto auszuschlachten. Oh Wunder, wir können uns auf englisch unterhalten. Mit Autostop hat er ganz Westeuropa kennengelernt. Dann lässt er mich für einen Moment allein und kommt mit einem Pott Kaffee und knusprig gebratenen Buletten zurück: „Dziekuje bardzo! - danke sehr!" Und er meldet mich im Hotel in Strzelce an. Allerdings muss ich bis spätestens um 18 Uhr dort sein. „Das schaffe ich nie", denke ich, bedanke mich herzlich und marschiere los.

Zwei Stunden später überschreite ich die Gleise von Gorki Noteckie. Noch elf Kilometer bis zu meinem Ziel. Unmöglich, bis 18 Uhr dort zu sein! Auf einem Hof sehe ich zwei Männer einen schweren Bottich schleppen. Ich zücke einen 100-Sloty-Schein, gehe zu ihnen und frage, ob sie mich nach Strzelce bringen könnten. Ohne viele Worte holen sie ein Auto aus der Scheune, dazu einen Anhänger, packen meine Last hinein, binden alles fest und laden mich mit einer freundlichen Handbewegung ein, im Auto Platz zu nehmen: „Prosze!" - bitte!" Bis vor das Hotel bringt man mich, trägt mein Zeug die Treppe zum Eingang hoch und verabschiedet sich: „Dowidenie - Wiedersehen". Von meinem Hunderter wollen sie trotz meines Drängens nichts wissen.

Schutzlos ohne Wald

Es ist Sonntag. Kirchenglocken dröhnen.Was macht hier in der Stadt den Unterschied zwischen alten Männern und alten Frauen? Ganz einfach: die alten Frauen gehen in die Kirche. Die alten Männer versammeln sich am kleinen Laden, der geöffnet hat, um ihrem Seelenheil mit Schnaps und Bier nachzuhelfen. Mit Promille lässt sich der liebe Gott besser verstehen als mit der abstrakten Sprache herab von der Kanzel.

Die kräftigen Rouladen gestern Abend und ein gutes Frühstück geben meinen Beinen und meiner Psyche förmlich einen Schub - beim Gehen und beim Betrachten der Welt um mich herum. Ein richtiges Sonntagsgefühl! Keine Wankelmütigkeit bei der Festlegung des Tagessolls kommt auf. Das Mindest-Etmal von 30 Kilometer hat sich sowieso längst ergeben. Was sollte ich mit einem Sechsstundentag mitten im Wald oder auf dem Acker anfangen? Zwar habe ich Malzeug dabei, Aquarellfarben und einen guten Malblock. Aber Malen kam immer nur auf meinen Camp-Plätzen in Frage, wenn ich in Muße den Abend genießen konnte. Hier fehlen mir sowohl ein Motiv als auch die Motivation.

Heute wechseln sich Wald und Felder ab, bei hohen Temperaturen. Nanu, was ist denn das? Um die Mittagszeit drängen sich durch einige Bäume große, kräftige Buchstaben: Hotel! Ein schnelles und fröhliches Gedankenspiel läuft in meinem Kopf ab: „Ein halber Tag zum Trocknen der Sachen, zum Essen, Trinken, Nichtstun! Wird gemacht!" Fünfzig schnelle Schritte weiter schält sich neben der Schrift ein niedliches Hundegesicht hervor. Ein Hundehotel!

Das gilt es erst einmal zu verdauen, und bis es soweit ist, ziehe ich nördlich von Dobiegniew/Woldenberg durch Dörfer, in denen mein Freund, der Hund, das Sagen - sprich: das Bellen - hat. Doppelt und dreifach beweisen die kleinen Köter ihren Haltern, dass der Fremde auf der Straße dank ihres Einsatzes keinen Fuß in ihr Revier setzen wird. Der hektische Lärm wird wie beim Staffellauf an den nächsten Hof weitergegeben und weiter und weiter. Es geht nicht mehr um den Provokateur mit der Karre, nein es geht darum, wer mit seiner Stimme die größte Angst und mit seinem Mopsgesicht die größte Abschreckung hervorruft. Ich habe Bedenken, dass meine Anwesenheit bei ihnen zu Herz-Kreislauf-Zusammenbrüchen führen könnte. Mein Hundespray ist längst in die hinterste Ecke des Rucksacks verbannt.

Am frühen Abend fängt der Regen an. Weit und breit ist kein Wald zu sehen. In der Hoffnung auf ein paar frei stehende Bäume ziehe ich immer weiter. Mein Zeitlimit ist überschritten. Mir bleibt schließlich weiter nichts übrig, als hinter einem der Alleebäume, auf verhärteter Lehmkruste, den Wandertag zu beenden, ohne Anspruch auf einen guten, glatten Untergrund und Deckung vor menschlichen Blicken. Nass krieche ich in das nass gewordene Zelt. Natürlich liegt es sich nicht gut auf holprigem Boden. Der aufkommende Wind schlägt mir die schlappen Zeltwände um die Ohren, weil ich die Heringe nicht gut in den harten Boden bekam und die Spanner kaum etwas bewirken. Also noch mal raus und die Sache in Ordnung bringen. Nun klebt mir lehmiger Ackerboden an den Füßen.

Es dämmert. Ich höre das Surren eines langsam näher kommenden Autos. Es hält. Türen werden geöffnet. „Policia!" Was kann die Polizei schon wollen? Vielleicht ist es pure Neugier. Wieder krieche ich in den Regen. Da steht kein Polizeiauto. Da stehen fünf Halbstarke, die sich köstlich amüsieren. Die haben doch bestimmt einige Schnäpse intus! Ihre Fragen verstehe ich nicht. Lächelnd erzähle ich auf polnisch den Salm über meine Person, den ich schon erprobt hatte. Das beruhigt sie. Der Regen treibt die Gruppe schnell in ihr Auto, und schon sind sie weg. Mich beunruhigt der Gedanke, sie könnten an diesem Sonntagabend in ihrer Dorfkneipe noch einen Streich aushecken. Aber der dichte Regen breitet heute seinen Schutzvorhang über mich.

Was mich bewegt

Mit einer vollgesogenen Zecke am Arm erwache ich um fünf. Es regnet noch. Ich lese weiter in Hermann Hesses Roman „Peter Camenzind". Peter Camenzind ist ein rastloser Wanderer. Mit Hesse fühle ich eine Seelenverwandtschaft. Er ist in der Südtiroler Bergwelt viel gewandert, seine kleinen Aquarelle gefallen mir sehr. Im Halbschlaf wird mir bewusst, dass der Regen weitergezogen ist.

Ohne Verzug kann ich um 8 Uhr losgehen. Im Dorf Bren kommt mir der Sklep wie gerufen. Die freundliche Ladenbesitzerin erfüllt mir nach kurzer Auskunft über meine Person auf die Frage nach einem Becher Kaffee tatsächlich diesen Wunsch. Das ist in solchen Läden völlig unüblich, ich habe es nie wieder erlebt. Frauen kommen; im Laden bin ich bestimmt Thema für den Morgenklatsch. Dieser heiße, schwarze Kaffee wirkt nach Regen und unruhiger Nacht wie eine Spritze. Er erzeugt in mir Leichtigkeit beim Denken und gleich darauf einen Schwebegang.

Ein schwarzer Streifen am Ackerhorizont verrät mir endlich den ersehnten Wald. Abends werde ich die ersten 250 Kilometer meiner Wanderung hinter mich gebracht haben. Was geht in einem aus der „normalen" heimischen Welt herausgenommenen Gehirn alles so vor! Deutschland, die Welt, was mich zu Hause täglich bewegt, hat hier keinen Eingang mehr. Informationen, Verabredungen, Termine gibt es nicht. Wie gut fühle ich mich ohne die „sozialen Medien", also ohne meinen Zugang zum gesellschaftlichen Wohl und Wehe im engeren und weiteren Sinne.

Den „Ist-Zustand" meiner Gedanken möchte ich als Kommunikation mit der langsam an mir vorbeiziehenden Natur bezeichnen. Keiner ursprünglichen, sondern einer überwiegend von Menschen geformten Natur, egal, ob es die Alleebäume sind oder kraftstrotzende Mischwälder, Wiesen, Heideland und Gewässer. Was sich der Mensch antut - der allmähliche Verlust des „aufrechten Ganges" widerspricht seiner Definition als „homo sapiens". Und was die Natur durch die Ignoranz des Menschen, eines angeblich vernunftbegabten Wesens, erleidet, erzeugt in meiner Vorstellung Szenarien

Der Mann, der mir Geld schenkte

Sein Vater schenkte mir ein Lunchpaket

Das Lunchpaket

Altes Bahnwärterhaus

An der Autobahn Danzig - Krakau

Störche

Rapsfeld

des Schreckens. Da brauche ich nur in die mir zugeschickten Heftchen von *Greenpeace* und *WWF* mit ihren aufrüttelnden Bildern zu schauen.

Und doch baue ich darauf, dass es in diesem Jahrhundert zu positiven wegweisenden Richtungsentscheidungen kommen wird. Was die *Sielmann-Stiftung* und die *NABU* bei uns in Deutschland schon seit Jahrzehnten leisten mit dem Ankauf ökologisch wichtiger Flächen, entspringt der Überzeugung: Auch mit dem Schutz unscheinbarer und unspektakulärer Tier- und Pflanzenarten „retten wir die Welt".

Heute habe ich zweimal einen Feldhasen beobachten können. Nicht etwa beim schnellen Flüchten, sondern beim ungestörten Hoppeln und Knabbern an ausgewählten Leckerbissen. Störche sind - wie die Kraniche - an jedem Tag gegenwärtig. In jedem Dorf hat ihnen der Mensch Möglichkeiten zum Nisten hingestellt. Eifriges Starten und Landen, manchmal, mit auf den Rücken gebogenem Hals, Schnabelklappern. Meine Freude an ihrer Anwesenheit nutzt sich nicht ab, bestärkt mich vielmehr in meinem Bewusstsein, auf der richtigen Marschroute zu sein.

Laufen mit Führung

In Jeziorki frage ich auf einem Firmenareal einige Männer nach einem Weg, der mir auf der Karte als Abkürzung in Richtung der Stadt Tuczno/Tütz erscheint. Ein älterer Mann spricht mit dem Chef, holt sich sein Fahrrad und lässt erkennen, dass er mich begleiten wird. Auf diese Weise schiebt er das Rad vier Kilometer neben mir her,und uns geht der Gesprächsstoff nicht aus. Beide merken wir, dass es mit Russisch am besten geht. Der freundliche Mann wurde in der Sowjetunion geboren, wohin die Russen seine Eltern deportiert hatten. Sein Vater war während der deutschen Besetzung Polens in der polnischen Untergrundarmee (Krajowa Armija), die nach dem Krieg ihren Partisanenkrieg zusammen mit Kämpfern aus dem Baltikum, Weißrussland und der Ukraine gegen die Sowjets weiterführte.

Erst in den späten Fünfzigern durften die Eltern aus Sibirien zurückkehren. Seine beiden Geschwister leben in Russland, und er besucht sie regelmäßig. Meine Frage: „Gibt es hier Wölfe?" beantwortet er ohne zu überlegen mit „Ja!" Möge mir doch mal einer begegnen! Als die Kirchturmspitze von Tuczno über die Baumwipfel hervorlugt, trennen wir uns mit guten Wünschen. Ich lande im Schloss (Zamok) Tütz, das zu einem Teil als Hotel geführt wird. Leider sind alle Zimmer belegt. Der Kellner des Restaurants gibt mir einen Tipp: eine Pension („Noc lega") in der „Straße des 1. Mai", wo ich ab 24 Uhr in meinen Geburtstag, den 1. Mai, hinüberschlafe. Dann ist natürlich eine „Whats App" von und an Evy fällig, ohne dieses hätte mir etwas gefehlt.

Frei wie ein Vogel

Aber nun gilt wieder unsere Verabredung. Getreu dem Satz, den Robert L. Stevenson in seinem Flussreise-Buch „Das Licht der Flüsse" sagt:

> Niemand sollte auf einer Reise Korrespondenz führen. Es ist schlimm genug, dass man schreiben muss, aber Briefe zu erhalten ist der Tod jeglichen Urlaubsgefühls

hatten wir verabredet, uns nicht mit Mails zu überschütten, einmal pro Woche reicht. Stevenson schreibt weiter:

> Aus meinem Land und mir selbst ziehe ich aus. Ich will eine Zeitlang in neue Bedingungen eintauchen wie in ein anderes Element. Wenn meine Reise beendet ist, werde ich gewiss eure freundlichen Briefe mit der Aufmerksamkeit lesen, die sie verdienen... Ihr aber haltet mich mit euren ständigen Nachrichten zu Hause fest...

Leider habe ich morgens nie den Appetit, um in Hotels und Pensionen dem Frühstücksangebot gerecht zu werden und ordentlich „abzuräumen". So auch heute. Ich quäle mir ein Riesen-Geburtstags-Rührei in der Gästeküche meiner freundlichen Gastgeber ein, mehr geht nicht. Ist mein Magen schon geschrumpft? Dafür stehen meine Beine und meine treue Wanderkarre schon in den Startlöchern.

Schmale Kastanien- und Lindenalleen, keine Belästigung durch Autos, Wald zu beiden Seiten und die ideale Temperatur nehme ich als Geburtstagsgeschenk entgegen. Kurz vor Trzcianka/Schönlanke holpere ich mit meinem Wägelchen auf einem Waldweg bis zu einem lichten Kieferwaldstück. He, bin ich im Revier eines Kolkraben gelandet? Beim Zeltaufstellen begleiten mich seine aufgeregten, etwas hohen Rabenlaute. Nun sitze ich, gegen eine Kiefer gelehnt, esse und trinke und nehme Kontakt zu meinem blauschwarzen Lieblingsvogel auf. Seine hohe Alarmstimme hat sich in der Zwischenzeit in einen tiefen Bass mit facettenreichen Zwischentönen verwandelt.

Der Rabe sitzt auf der Nachbarkiefer und sendet mir Töne, die ich beantworte. Unser Augenkontakt berührt mich „He, du alter Schlawiner!" Ihm gefällt das auch. Er bleibt bei seiner Rabensprache, deren gutturalen Laute sich immer wiederholen und von mir recht und schlecht nachgeahmt werden. Natürlich hat der Bursche mitbekommen, dass ich mein Abendbrot neben mir ausgebreitet habe. Meine Lockangebote nimmt er nicht an. Und plötzlich ist mein Rabenfreund fort. Diese Stille! Wir müssen einen dollen Krach veranstaltet haben...

Abendbrot mit Lunchpaket

Warum bin ich bloß morgens immer so sauertöpfisch? Ich bin doch ein Frühaufwacher. Die Morgenmusik von den Baumwipfeln, die Schäfchenwolken am blauen Himmel verdienten Heiterkeit in meinem Herzen. Nehme ich das schon als selbstverständlich hin? Kann auch sein, dass ich noch der häuslichen Bequemlichkeit nachhänge, dem Bett, der Morgendusche, dem gedeckten Frühstückstisch und dem interessanten Programm von Deutschlandradio-Kultur... Dagegen hier: Das nasse Zelt, weil die Nächte kalt sind, die herausgezogenen Heringe, an denen ich mir die Hände schmutzig mache, der Plastikabfall, den ich platt trete und einstecke.

Ich ärgere mich über unnützes Zeug im roten Seesack, über feuchten Käse, gammlige Wurst und das pappige Backwerk im Fressbeutel. Das Festklemmen zweier großer Wasserflaschen unter die Riemen des Wägelchens verlangt Bedachtsamkeit. Eine Pulle hat sich schon mal für immer verabschiedet. Um mich herum lauern Wurzeln, Äste und Löcher darauf, mich zu Fall zu bringen. Im Gras glänzen Tautropfen, schnell sind meine Schuhe durchgenässt...

Ja, so sieht ein freier Nomade die Morgenroutine. Routine zahlt sich natürlich aus. Ich werde schneller, alle Handgriffe üben sich ein. Mein mir lächerlich und skurril erscheinendes Treiben weicht mehr und mehr einem eingespielten Plan.

Mein Weg nach Piła/Schneidemühl soll den Kontakt mit der Straße 180 vermeiden. Darum rechne ich eher mit 40 als mit 30 Kilometern. Auf der Karte hat Pila das Symbol H für Hotel. Für einen Kilometer muss ich dann doch noch auf die Autostraße. Abschreckend, aber mit einem guten Nebeneffekt, denn ich entdecke ein Schild mit der Aufschrift: „Motel 500 m". Dort angekommen, sind die Türen verschlossen. Ein Zettel klebt daran mit einer Telefonnummer. Nach meinem Wählen prasseln mir polnische Worte ins Ohr, die ich nicht verstehe. „Do you speak english or german?" Wieder nur polnisch, dann wird aufgehängt.

Betrübt gehe ich weiter, da klingelt mein Smartphone. In gebrochenem Deutsch sagt eine Frauenstimme: „Warten Sie, ich bin in 10 Minuten dort."

Ich bekomme ein schmuckes Zimmer, kann meine Sachen waschen und finde in der Stadt eine Pizzeria. Morgens tischt mir die adrette junge Frau ein gutes Frühstück auf und schenkt mir einen Stadtplan, mit dem ich meinen gewünschten Weg finden werde. Immerhin ist Pila eine große Stadt.

Ein frisch angelegter Radweg, zwölf Kilometer lang, parallel zur Eisenbahn, wird von Radsportlern eifrig benutzt. Im Wechsel von bergauf und bergab lande ich danach sogar auf dem Europa-Radweg Nr.1. Ein Auto überholt mich, hält ein Stück weiter. Der Fahrer lehnt sich mit verschränkten Armen an den Kühler und schaut mir entgegen. „Der will was von dir", denke ich.

Mit einem freundlichen Grinsen begrüßt mich der Glatzkopf. Obwohl ich nichts verstehe, weiß ich doch, was er fragt. Was ich sage, beflügelt ihn zu einer Einladung, mich ein Stück mitzunehmen. Er will seinen Vater besuchen, der wohnt drei Dörfer weiter. Beruflich fährt er für das Postunternehmen DHL mit einem LKW bis Westeuropa. Kann trotzdem nicht Englisch. Gegen seinen Fahrerbauch kämpft er mit Kampfsport an. Das führt er mir auf dem Smartphone vor. Nun ruft er seinen Vater an, berichtet offensichtlich von mir.

Kaum halten wir vor dessen Haus, erscheint der alte Herr mit einem großen Lunchpaket und drückt es mir in die Hände. „Smacznego! - Guten Appetit!" Mit freundlichen Abschiedsworten winken sie mir hinterher. Abends im Wald packe ich aus: Ein Schraubglas mit noch warmem Kaffee, Brot, sechs Krakauer Würste, Käse, Tomaten, ein Apfel, Brot, Schokolade. Ich kann's nicht fassen!

Eis im Zelt

Mein Zelt steht heute nur 20 Kilometer entfernt von Margonin, dem Geburtsort meiner Mutter. Polen war nach dem Ersten Weltkrieg von den Siegermächten nach 123 Jahren einer Nichtexistenz zu einer freien Republik gemacht worden. Gebiete, welche sich Preußen, das Habsburger Reich und Russland einst gewaltsam einverleibt hatten, kamen zurück an den neuen Staat. Somit wurde z.B. das preußische Margonin meiner Mutter jetzt polnisch. Es gab hier schon immer große polnische Bevölkerungsanteile, und meiner Mutter kamen auch in späteren Jahren öfter polnische Worte über die Lippen. Ihre Familie und die meines Vaters verließen nach dem Ersten Weltkrieg ihre Heimat und gingen nach Berlin.

In Mrocza/Mrotschen peilt mich ein junger Deutscher auf seinem Fahrrad an. Er ist aus München, begann die Tour aber in Berlin und will auf dem

Europa-Radweg Nr.1 entlang in Estland Bekannte besuchen. Wir setzen uns in eine frisch eingeweihte Pizzeria und werden aufmerksam bedient. Schnell habe ich raus, dass der Jüngling aus München, er ist Student, sprachlich, historisch und politisch völlig unvorbereitet ist So sollte man nicht reisen...

Auf meine Frage nach einer Übernachtungsmöglichkeit macht mir der Pizzabäcker Hoffnung. Tatsächlich öffnen sich für mich die Türen eines Sportlerhotels, wohin mich einer vom Personal mit seinem Auto bringt. Ich bin der einzige Gast. Man läßt mich allein, ich muss am Morgen nur die Schlüssel in einen Kasten werfen. Mein Glück, so häufig an herzliche Menschen zu geraten, hält auch ab Kilometer 500 an.

Mit meinem Ziel Koronowo/Crone umgehe ich nördlich die große Stadt Bydgoszcz/Bromberg an der Weichsel, wo mein Vater her stammt. Auf einem Familienfoto aus Bromberg sieht man meinen stolzen Großvater in Postbeamten-Uniform neben seiner sitzenden, ein Journal in der Hand haltenden Gattin und seinen beiden Söhnen, beide in Matrosenanzügen.

Familienbild

Die vier blicken ernst in die Linse des Atelierfotografen. Ein Lächeln muss damals wohl bei Familienfotos allgemein verpönt gewesen sein, zu teuer wäre ein missglücktes Grinsen für die einfachen Leute.

Es wird ein langweiliger Wandertag durch Anbaugebiete und nicht enden wollende Häuschen rechts und links der Straße. Darunter viele schöne Einfamilienhäuser mit gepflegten Gärten und schmucken Umzäunungen. Polen ist ein absolutes Autoland mit einer vorbildlichen Infrastruktur. Pferdewagen wie 1972, als ich in Masuren Urlaub machte, wären mir natürlich lieber. Schade - aber romantische

Wünsche sind unangebracht. Noch schmückt der gelbe Teppich blühender Rapsfelder die eintönige Landschaft. So erträgt der Wanderer die Eintönigkeit. Zwei Wochen wäre das Gehen hier eine Strafe.

In Koronowo führt mich eine Frau auf der Suche nach einem Hotel oder einer Pension mit bewundernswerter Ausdauer durch die sonnenheißen Straßen. Unterkünfte, an die sie sich erinnert, sind voll belegt oder existieren nicht mehr. Wir müssen passen. Um mich zu bedanken, lade ich die zierliche Frau zu einem Restaurantbesuch ein. Sie bringt mich zu einem kleinen modernen Lokal, lehnt aber leider meine Einladung ab.

Nach einem makellosen Essen mit Rouladen und Salat ist es zu spät, die Stadt zu verlassen, geschweige denn einen Wald zu erreichen. Ich entdecke hinter einer Tankstelle eine große Rasenfläche, die an ein verwildertes Grundstück grenzt. Im dunklen Schatten der Abendsonne habe ich hier den unangenehmsten Zeltplatz meiner Tour. Mildernd wirkt später der stundenlange Gesang einer Nachtigall. In der Nacht sinken die Temperaturen unter Null Grad. Zartfeine Eisplättchen bedecken am frühen Morgen die Innen- und Außenwände des Zeltes. Im Schlafsack war es auch nicht gerade gemütlich. Das ist die Einleitung zur Serie der kalten Zeltnächte.

Junge Frauen, alte Männer

Solange ich mich aus den kleinen Dorfläden, genannt „Sklep", versorgen muss, ist für mich „Schmalhans Küchenmeister". Das Backwerk besteht aus Weizenmehl in Form verschiedener Brötchen und aus kuchenartigen, süßen Stücken. Es gibt wenige Wurstsorten, ein geringes Käseangebot, Obst und Gemüse fehlen oft, die Leute haben in ihren Gärten weitaus Besseres. Süßigkeiten findet man jede Menge, auch Bier, Alkohol und Wasser in Plastikflaschen. Ich bin froh, wenn ich im Regal Frischkäse finde, unterschiedlich gewürzt. Dazu eine Tomate. Die gehört zum Lunch am Vormittag und zum Dinner am Abend, zusammen mit Wabbelbrötchen. Diese lasse ich mittlerweile alt und hart werden, das schmeckt besser. Ich nehme immer ein paar Energieriegel mit für den Morgenstart und für die letzten Kilometer. Kaugummis erleben bei mir eine Renaissance.

Mein Erscheinen in solch einem winzigen Laden wird von Kunden und Verkäuferinnen wohl besonders registriert. Mir fällt auf, dass junge Verkäuferinnen bei mir immer eine Gesichtsmaske anlegen. Die Gesichtszüge versteinern, als stehe der Leibhaftige vor ihnen. Bei meinen sprachlichen Ent-

In der Sitzecke für durstige Männer

Weiter geht's

Tankstelle

Der Wanderer tankt Kalorien

krampfungsversuchen habe ich keinen Erfolg, das Lächeln bleibt aus. Ich vermute, da ist die katholische Kirche mit im Spiel, obwohl es doch zu sündigen Gedanken gegenüber einem Urgroßvater keinen Anlass geben dürfte. Oder ist es die Scheu vor dem Fremden, dem Vagabunden mit der Gepäckkarre? Oder zeigt sich da die ins Gesicht gemeißelte Verachtung für einen Landstreicher? Ältere Frauen hinter der Ladentheke sind mir lieber.

Neben dem Laden gibt es draußen häufig eine Sitzecke für durstige Männer. Bei meiner Suche nach Sklep-Läden bin ich oft fündig geworden, indem ich den Wanderbewegungen einzelner Männer folgte. So wie heute morgen. Die Ladenbesitzerin hat mir extra einen Pott Kaffee spendiert, denn sie hat gute Erinnerung an Arbeitsjahre in Hamburg. Das hört man gern.

Ich setze mich zu drei Männern und ihren Bierflaschen. Die drei machen keinen verwahrlosten Eindruck, haben zerfurchte Gesichter und einen offenen Blick. Die wollen natürlich wissen „wohin, woher“. Wie schon oft gehört: „Kann man fragen, wie alt Sie sind, Pan?“- „Tak, mam siedemdziesiat dziewiec.“ Gleich darauf umarmt mich der mit dem Schnurrbart, alle drei schenken sie mir ihre Feuerzeuge. Echte, aufrechte Anerkennung und Herzlichkeit. So bestelle ich noch drei Flaschen Bier, ziehe meine Zigaretten hervor, revanchiere mich mit Sätzen wie: „Tak, Polska to piekny kraj! - Ja, Polen ist ein schönes Land!“ Oder „Kocham polska kuchnie. - Ich liebe die polnische Küche.“

Es ist noch früh am Tag. Mit einigen Wünschen im Kopf strebe ich dem Städtchen Bukowiec entgegen. Es weht ein kalter Wind, aber das macht mir nichts aus, Sorgen kann mir höchstens die Sonnenhitze bereiten. Aber gerade jetzt, wo ich die Sonne zum Trocknen meiner Habe gut gebrachen könnte, versteckt sie sich hinter dicken Wolken.

In Bukowiec finde ich keinen Supermarkt, aber einen kleinen Rynok, der mich mit Lebensmitteln versorgt. Als ich den Laden verlasse, frage ich einen Stoppelbart mit freundlichem Gesicht: „Entschuldigung, wie komme ich nach Drzycin?“ - „Gehen Sie nach rechts – da drüben.“ - „Nein, das stimmt nicht,“ tönt eine Frauenstimme hinter mir, „Sie müssen nach links gehen.“ Sie ist eine pummelige Frau, pausbäckig, mit schlauen Augen.

Nein – ja – nein – ja, so geht es hin und her, aber ruhig und bedächtig, mit Argumenten unterlegt. Schließlich sage ich zu der Frau: „Gut, ich vertraue Ihnen.“ Der Mann meint: „Ich glaube jetzt auch, daß sie es besser weiß,“ und schiebt mit seinem Fahrrad ab.

Es folgt noch ein Gespräch über meine Tour. Nun verrät mir die Frau, die auch etwas deutsch spricht: „Hier in dieser Gegend leben viele Kaschuben, so wie ich." Sie sagt es mit Stolz, wie mir scheint. Ich denke sofort an das kaschubische Weihnachtslied von Werner Bergengruen:

> „...Wärst du, Kindchen, im Kaschubenlande,
> wärst du, Kindchen, doch bei uns geboren...",

ein Gedicht, in dem die „slawische Seele" so herzlich und bildhaft eingefangen ist.

Die Kaschuben sind ein slawischer Volksstamm, der im Norden Polens, zwischen Oder und Weichsel, beheimatet ist und es schwer hatte, seine Kultur unter der Herrschaft der Deutschen, Russen und Polen zu bewahren.

So hat der Zufall dem Wanderer wieder eine interessante, nette und kuriose Begegnung beschert. Die Frau hatte natürlich recht mit ihrer Wegbeschreibung!

Die Hälfte liegt hinter mir

Am siebzehnten Tag meiner Tour erlebe ich eine kulinarische Erleuchtung. Das liegt daran, dass ich selten auf Brennpunkte des örtlichen Verkehrs stoße. Diesmal ist es anders. Um acht Uhr lasse ich das letzte Haus von Osie hinter mir, nachdem ich schon vom Zeltplatz am Fluss Zu hierher mit meinem nassen Equipment fünf KIlometer gelaufen war. Nun muss ich noch an der Tankstelle vorbei. Gerade kommt ein Autofahrer heraus, mit einem „to-go-Becher" in der Hand.

Man stelle sich vor, was das für jemanden an einem trüben, grauen Morgen bedeutet, der nur von Morgenkaffee im Hotel träumen kann. Am Leib trage ich das blaue langärmelige Jogginghemd, das ich gestern Abend am Fluss gewaschen hatte und das ich jetzt zum Trocknen am Leibe trage. Etwas bibberig ist mir zumute. Heißer Kaffee ist gerade das Größte, was ich mir vorstellen kann! Drinnen erlebe ich nicht nur ein Kaffeewunder, sondern ich füttere mich mit einem ganz speziellen Hot-dog. Die Wirkung beider Genüsse hält den ganzen Tag an.

Ich verschwinde im Wald, benutze wie schon mehrmals eine alte Pflastersteinstraße. Das Gefühl von Geborgenheit und die Vorfreude auf das Lauferlebnis sind das Schönste. Wenn's geht, bewege ich mich seitlich auf dem schmalen Sandstreifen. Mein Wägelchen passt sich jeder Bodenbeschaffenheit an. Er ist gelenkig, die dicken Reifen federn Unebenheiten gut ab. Gut, dass sich die Sonne durch das Wolkenfeld gebohrt hat – jetzt muss alles Nasse ausgepackt und ausgebreitet werden. Der Wind hilft beim Trocknen. Abends, nach guten 35 Kilometern, ist es doppelt schön mit trockenem Gepäck.

Die Straße 234 nach Gniew ist wider Erwarten nur gering befahren. Die westpreußische Stadt Gniew - früher zweisprachig: Gniew und Mewe - kam 1920 nach einer Volksabstimmung zu Polen. Ich überquere die Nord-Süd-Autobahn von Danzig nach Krakau, etwa die Hälfte meiner Tour habe ich nun geschafft. Zwei Stunden vor Gniew steigt ein gut aussehender junger Mann mit seiner Frau aus seinem Auto. Er spricht Englisch und etwas Deutsch und ist auf nette Art neugierig. Wir unterhalten uns für ein Weilchen, man empfiehlt mir das Burghotel in Gniew.

Auch ein LKW-Fahrer zeigt sich sehr interessiert an meinem Wanderhabitus. In Deutschland hat er, wie so viele Polen, Geld verdient und die Sprache gelernt. Er war früher in der „Solidarnoszc", hatte Lech Walenza kennengelernt. Folgerichtig wettert er auf die jetzt herrschende Pies-Partei und deren Anführer Kaszcinski mit ihren populistischen und nationalistischen Parolen. Da sind wir ganz einer Meinung. Au wei, sein Laster ist zu einem Verkehrshinderns geworden, er muss schnell weiterfahren.

Es ist hier wieder bergig wie im Mittelgebirge. Ich freue mich auf die alte Stadt mit der Burg nahe der Weichsel. Das Gebiet von Gniew erhielt der Deutsche Ritterorden als erstes Besitztum auf der linken Seite der Weichsel 1276 vom Fürsten Sambor von Pomerellen. An einer weiten Biegung der Straße habe ich einen Durchblick auf die Türme aus rotem Backstein. Ich lege an Tempo zu, male mir aus, was mich im Hotel Schönes erwartet.

Schließlich stehe ich an der Rezeption. Da ich auf dem Gelände der Burg ein großes Hotel in geschmackvollem Stil ausgemacht hatte, bitte ich an der Rezeption sehr zuversichtlich um ein Zimmer für zwei Tage. Doch meine Zuversicht sinkt umso tiefer, je länger sich der Mann bei seinem konzentrierten Schauen auf den Bildschirm den Kopf kratzt. Immer wieder Kopfschütteln. Er bittet seine Kollegin hinzu. Beide kommen überein, mir ein Zimmer zu geben, zu dem es eine wankelmütige Anmeldung gegeben hatte. Angestaute Luft entweicht aus meinem Brustkorb. Man erklärt mir, die vielen Gruppenreisenden aus Deutschland und Polen sorgten sehr oft für einen „Ausverkauf" der Zimmer. Ich darf nur eine Nacht bleiben.

Die Wisla, der polnische Schicksalsfluss

Gut ausgeschlafen, mit gewaschenen und trocken gewordenen Klamotten, bin ich im Riesenspeisesaal dem Lärm vieler Menschen und dem überreichen Buffet ausgesetzt. Was da alles angeboten wird! Ich will mir ja keine Bauchschmerzen anfressen, daher kommt es einer Niederlage gleich, das Buffet zum großen Teil unberührt verlassen zu müssen. Ich bin einfach satt!!!

Gniew hat keine Brücke über die Weichsel. Bis zur nächsten Weichselbrücke sind es 16 Kilometer. Die Weichsel ist der polnische Strom. Geboren in den Beskiden, beendet sie ihren Lauf bei Danzig in der Ostsee. Wie schon die Oder erinnert mich die Weichsel auch an Dramen menschlicher Geschichte. Die brutalen Christianisierungsmethoden des Deutschen Ritterordens begannen mit einer „Goldenen Bulle" des Kaisers Friedrich (Kaiser des Heiligen Römischen Reiches Deutscher Nation) 1226 an den Hochmeister des Deutschen Ritterordens Herrmann von Salza. Darin heißt es u.a.:

> Daher haben Wir dem Meister die Vollmacht erteilt,in das Preußenland... einzudringen... und überlassen und bestätigen dem Meister,seinen Nachfolgern und seinem Hause sowohl besagtes (Kulmer) Land..., wie auch alles Land, das er mit Gottes Zutun in Preußen erobern kann...

Von der Marienburg (Malbork) aus verbreitete der Orden Angst und Schrecken gemäß dem Satz des Zisterzienser-Abtes und Kreuzzugpredigers Bernhard von Clairvaux: „Christliche Mission - das heißt entweder Taufe oder Tod." Der Satz erinnert mich an Denkweisen und Methoden zu Zeiten des Kolonialismus.

Was mir auf der Weichselbrücke einfällt, ist die Metapher vom „Wunder an der Weichsel" („Cud nad Wisla") für ein Ereignis, das eng mit der Neugründung des polnischen Staates nach dem 1. Weltkrieg zusammenhängt. 1920 versuchten die Bolschewiki auf Befehl Lenins und Trotzkis im Polnisch-Sowjetischen Krieg, sich vom polnischen Territorium ein großes Stück einzuverleiben. Wie durch ein Wunder konnten die polnischen Truppen unter Jozef Pilsudski zuletzt bei Warschau einen entscheidenden Sieg erringen. Das führte zum „Friedensvertrag von Riga", der die Ostgrenze Polens festlegte und die Unabhängigkeit des Landes sicherte. Pilsudski wurde bald darauf polnisches Staatsoberhaupt.

Der Militärführer auf sowjetischer Seite, Tuchaschewski, fiel in den 30er Jahren wie auch andere prominente Kommunisten dem stalinschen Terror zum Opfer. Eine wichtige Rolle auf sowjetischer Seite wurde der Kosaken-

Alte Chaussee-Bäume

Gniew an der Weichsel

Gniewer Altstadt

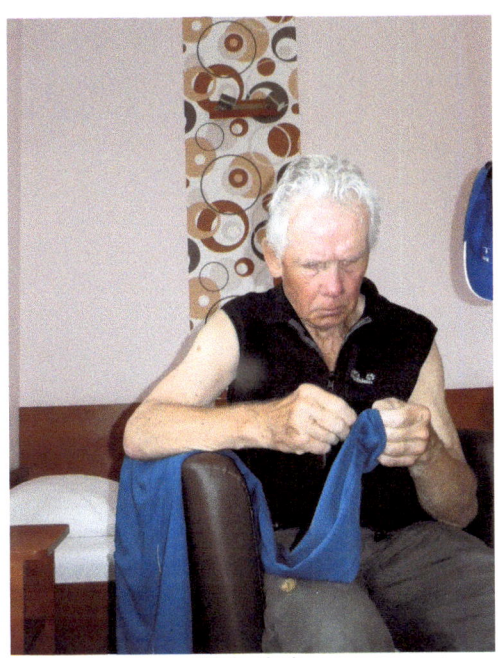

Näharbeit

Historisches

An der Weichsel

Die Weichsel

Blick zurück auf Gniew

Reiterarmee unter ihrem Führer Budjonni zugewiesen. In seinem autobiografischen Buch „Die Reiterarmee" beschreibt Isaak Babel als mitreitender Korrespondent das rauhe Reiterleben, das antijüdische Denken und die wankelmütige politische Einstellung der Kosaken.In sein Tagebuch schrieb er den Satz: „Wie wir die Freiheit bringen – schrecklich!"

Damit meint er die Progrome an unzähligen polnischen Juden in Galizien durch die Rote Reiterarmee. Babel fiel der „Säuberung" 1936-39 zum Opfer. Die Weichsel wurde 1944 von Anfang August bis Anfang Oktober Schauplatz des Warschauer Aufstands, mit dem die polnische Untergrundarmee das grausame deutsche Regime vertreiben wollte. Der Aufstand endete mit einem Blutbad unter der Warschauer Bevölkerung, der totalen Zerstörung Warschaus auf Befehl Himmlers und einer erbarmungslosen Rache an den Überlebenden durch die SS. Gleichzeitig stand am Ostufer der Weichsel eine sowjetische Panzerarmee, ohne einzugreifen. Im Bewußtsein der Polen nimmt dieses Ereignis bis heute noch einen traumatischen Platz ein.

Dauerregen

Nach der Benennung meiner Landkarte bin ich, nunmehr rechts der Weichsel, im früheren westlichen Ostpreußen. Ich muss durch die Stadt Kwidzyn/ Marienwerder laufen, besser gesagt aufsteigen. Vorbei an der vor der Stadt gelegenen ehrwürdigen Domkirche aus dem 14. Jahrhundert geht es steil bergan. Zu Marienwerder verrät mir mein 140 Jahre altes „Meyers Konservationslexikon" u.a.:

> Hauptstadt des gleichnamigen Regierungsbezirks in der Provinz Preußen, Sitz der Regierung, des Appellationsgerichts für Westpreußen, eines Kreisamts, eines Kreis- und Schwurgerichts, eines Ritterschaftlichen Kreditvereins, eines Hauptsteueramts und des Vereins Westpreußischer Landwirte, hat eine große evangelische Domkirche (1343- 84 erbaut, mit den Grabmälern dreier Hochmeister und der pomesanischen Bischöfe) und eine katholische Kirche, ein Gymnasium, eine höhere Bürger-, eine Unteroffiziersschule, ein Institut für erblindete Krieger und Soldatenwitwen, ein altes Domschloss (jetzt Kreisgericht und Gefängnis), ein Krankenhaus, Landgestüt, eine Eisengießerei und Maschinenfabrik, Obstbau und (1875) 7627 Einwohner (ca. 800 Katholiken und 300 Juden).

So klein die Stadt auch war, zeugt diese Aufzählung doch von einem gut geführten preußischen Gemeinwesen.

Beim Ausmarsch auf die Straße 521 falle ich einem ehrgeizigen Straßenbau-Projekt zum Opfer, das mir zwei unangenehme Tage beschert. Alles, was mit Straßenbau bzw. Straßenerneuerung zusammenhängt, verdirbt mir die Wanderlaune. Die Seiten sind vollgestellt mit Materialien, die alten Allee-bäume sind auf einer Seite gefällt worden, weil die Straße „verkehrsgerecht" verbreitert wird. Ich gehe auf einer frisch gemachten Asphaltdecke und spü-re, dass mein Wanderschritt nicht recht zu diesem ewig langen Bauplatz passt. Das Laufen fällt mir schwer. Ja, ja, die Psyche... Denn ich schöpfe meine Kraft mindestens ebenso aus der mitgebrachten Kondition wie aus der „Augenweide".

Zu Hause war und bin ich ziemlich streng mit mir, wenn ich die Wahl habe zwischen Bequemlichkeit und sportlichem Einsatz. Mein Arbeitsalltag be-gann einst sehr früh mit einer Joggingstunde, ob im Sommer oder Winter, bei jedem Wetter. Die Abwägung Auto oder Fahrrad bei Wegen bis zu 15 Ki-lometer Länge fällt überwiegend zugunsten des Fahrrads aus. Was bedeutet schon die Zeitersparnis beim Autofahren? Würde ich die ersparte Zeit so nutzen, dass sie den gesundheitlichen Aspekt der Bewegung übersteigt? So soll es bleiben, bis es nicht mehr anders geht.

Es fällt schwer, neben dieser Straße einen Schlafplatz zu finden. Ich muss mich regelrecht durchschlagen bis zu einem kleinen, mit Gestrüpp und Wildwuchs bedeckten Hügel. Es ist spät genug zum Kampieren. Nachts wa-che ich auf durch ein ärgerliches, gegrunztes „Ä-Ä-Ä", das sich schimpfend wieder entfernt. Dasselbe wiederholt sich später noch einmal. Ja, das klingt wirklich nicht nett, du oller Schwarzkittel. Erst am Morgen nehme ich deinen Pfad wahr, auf den ich mein Zelt gestellt habe. Tut mir leid.

Ich kann noch nicht ahnen, dass eine ganze Regenwoche vor mir liegt: von Sonntag bis Samstag (12. - 18. Mai). Der Nieselregen lässt sich im Wald viel besser ertragen als auf Straßen mit rasenden, spritzenden Autos. Daher len-ke ich meinen Weg so, dass man ihn als „Umweg" bezeichnen könnte. Aber ich unterliege keinem Zeitdiktat. Für mich zählt, was ich aus der Karte her-auslese: Acker oder Wald, Siedlung oder Einsamkeit, Verkehr oder Ruhe, langweiliges, schnelles, geradliniges Vorankommen oder interessante Win-dungen und Schleifen.

Eine Steigerung für „nass" ist für den Zustand des Zeltes nicht möglich. Ich muss es so hinnehmen. Es regnet nicht durch, also keine Tropfen aufs Ge-sicht. Das Pieseln aufs Zelt wirkt auf mich sogar wie eine Nachtmusik. Vom Fußende des Schlafsacks kriecht die Feuchtigkeit in Richtung Mitte, die Daunen spenden trotzdem Wärme. Mein Pisspott rettet mich vor dem un-angenehmen Ausflug vor die Tür. Morgens pflegt der Regen erst einmal

Marienwerder/Kwidzyn

KEYSERWALDE
GIRSEWALD
GERSWALDE
WIELOKULTUROWA
WIEŚ JERZWAŁD

JERZWAŁD

ŚCIEŻKA
DYDAKTYCZNA

STANOWISKO 9

Współczesne zdjęcie domu w którym w okresie międzywojennym mieścił się posterunek policji. Na piętrze mieszkał żandarm o nazwisku Wiese z rodziną. Parter zajmowały biura żandarmerii. Prawdopodobnie w niskim, dobudowanym do głównego budynku pomieszczeniu, znajdowała się „koza".

Aktuelles Foto eines Hauses, in dem sich in der Zeit zwischen den Kriegen eine Polizeiwache befand. Im ersten Stock wohnte ein Landjäger namens Wiese mit seiner Familie. Im Erdgeschoss befanden sich die Büroraume. Es gab auch eine Arrestzelle im Haus, die sich vermutlich in dem niedrigem Anbau des Hauptgebäudes befand.

Jerzwałd/Gerswalde

Jerzwałder Kirche

Der alte Friedhof

Ś. P.
Gertrud
Herrmann
08. 1915 † 16. 05. 2007
Anna
Majer
23. 12. 1882 † 2. 09. 1969

Ku pamięci tym zmarłym
z drugiej wojny światowej
z Jerzwałdu, Rucewa i Likszany.
Spoczywajcie z Bogiem.
Zum Andenken an die
Verstorbenen im zweiten
Weltkrieg aus Gerswalde
Rozung und Liksaine.
Ruhet in Friden

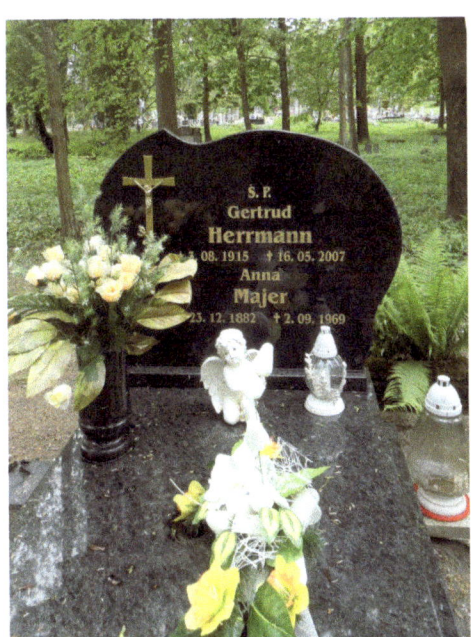

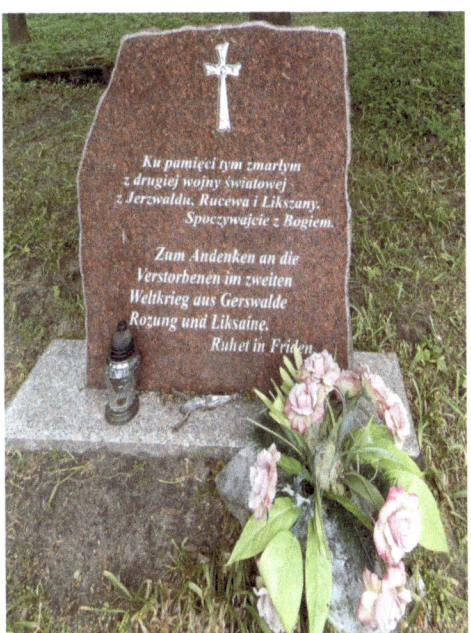

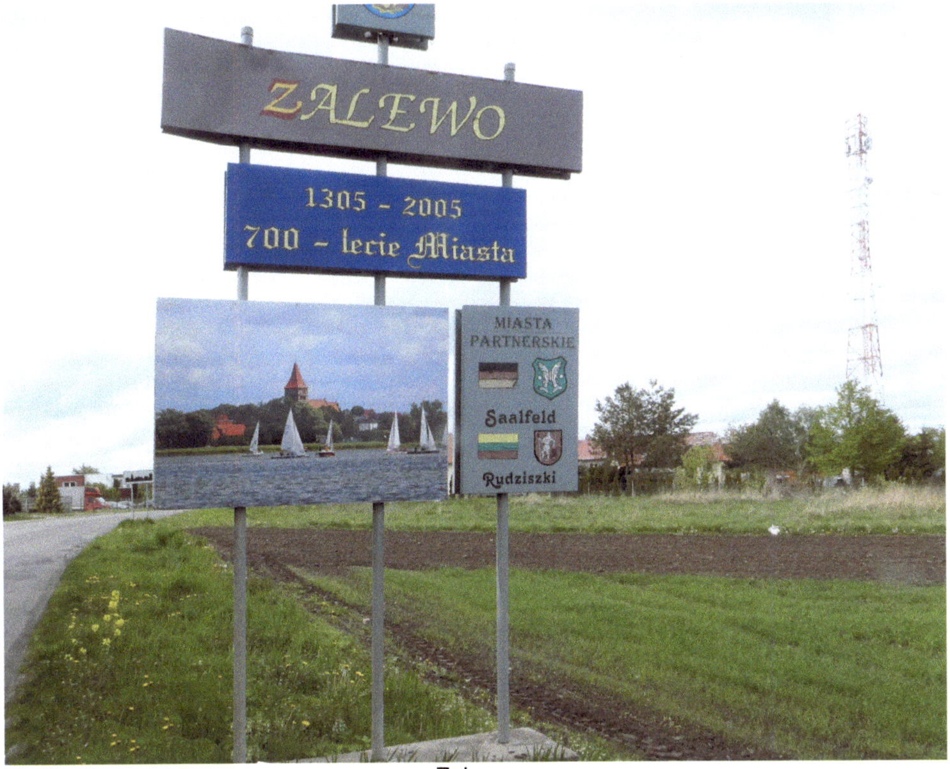
ZALEWO
1305 - 2005
700 - lecie Miasta
MIASTA PARTNERSKIE
Saalfeld
Rudziszki

Zalewo

aufzuhören, so als müsse er Nachschub für den Tag besorgen. Die ersehnte Regenpause reicht zum Trocknen längst nicht aus. Selbst der Wind trägt feinste Tröpfchen mit sich.

Erst in Gerswalde klart es auf. Hier besehe ich die dürftigen Überbleibsel des alten deutschen Friedhofs. Plötzlich brechen Sonnenstrahlen durch, und das kleine Wolkenloch dehnt sich nach allen Seiten aus. Schnell packe ich mein Inventar aus und schmücke ehemalige Gräber mit bunten Farben. Kein Mensch zeigt sich.

In Gerswalde sind vor verschiedenen Häusern Tafeln angebracht, auf denen man etwas über die ehemaligen Besitzer erfährt. Sicherlich gibt es einen deutschen Heimatverein, der dieses mit polnischer Zustimmung ermöglicht. Das spricht für ein freundschaftliches Verhältnis zwischen Polen und Deutschen.

Mein Nomadenleben entlang der friedlichen Landstraße erzeugt in mir sporadische stille Juchzer. Wie gut war doch meine Vorarbeit am Schreibtisch unter der Prämisse, der Autopest möglichst zu entgehen! Habe ja selber eines, aber jetzt bin ich auf den Sohlen wunderbarer BÄR-Schuhe unterwegs, die meine Füße vor krampfhaften Schmerzen bewahren. Mit fitten Beinen kann ich mich den Bildern hingeben, die sich hinter ehrwürdigen Baumveteranen auftun! Die Waldwiesen sind Naturwiesen mit einem Anteil an zierlichen Frühblühern, in denen es bei Sonnenschein tausendfach summt, brummt und zirpt. Heute senken sich die Halme unter der Last der Regentropfen. Mit meinem vier Stundenkilometern ziehe ich an unendlich langen, zerlappten Seen vorbei, über denen ein feiner silbriger Dunst schwebt. Eine melancholische Stimmung überkommt mich. Einsam und autark zu sein, ist selten.

Über Zalewo/Saalfeld lenke ich meinen Schritt gen Milomlyn/Liebemühl (eine wörtliche Übersetzung) mit Nachtquartier im tropfenden Wald. Heute steht eine Rasur an, denn ein Hotel ist nicht in Aussicht. Stehend, ohne Spiegel, einen Tropfen Haarwäsche auf Kinn und Wangen verrieben, das geht glatt. Wenn schon das Sauwetter den Wanderer äußerlich grau und vielleicht mitleiderregend macht, sollen weiße Stoppeln diesen Eindruck nicht noch verstärken.

Ab Regentag drei hat sich der milde Regen in kalten Regen verwandelt. Große Waldgebiete fielen in Polen nach Kriegsende der Säge zum Opfer. Danach wurde wieder aufgeforstet. Das bringt für mich Schwierigkeiten mit sich. Im Waldboden haben sich durch die Bepflanzung tiefe Furchen erhalten, die man normalerweise nicht bemerkt. Auf dieser Bodenstruktur lässt es sich nicht schlafen. Mir bleibt nichts anderes übrig, als mir für das Zelt einen breiten, grasbewachsenen Weg zu suchen. Es wird schon niemand kommen...

Auch am vierten Tag: Dauerregen. Beim Prasseln auf das Zelt krame ich meine Blues-Mundharmonika hervor und bringe mich in Stimmung. Das müsste man filmen. Am Donnerstag muss ich bei Sprühregen packen. Leider reicht später eine knappe Pause zum Trocknen nicht aus. Ich muss alles wieder halbtrocken einpacken.

Kein Glück in Allenstein

Die Sehnsucht auf ein trockenes Bett und auf gutes Essen setzt alle Hoffnung auf Olsztyn/Allenstein, eine ziemlich große Stadt. Dort muss es doch für mich eine Unterkunft geben! Heute bleibt es nicht aus, dass ich die Straße 527 nutzen muss, um ein Nachtquartier bis zum Abend zu finden. In Gutkowo/Göttkendorf war ich 1972 schon mal mit dem Auto. Damals trabten hier noch gummiberäderte Pferdewagen leise dahin. Heute folge ich der Straße bei höllischem, spritzendem, brüllendem PKW- und LKW-Verkehr. Als ich es nicht mehr aushalte, schlage ich einen Bogen, dort entlang, wo ein Hinweisschild Olsztyn auf einer nagelneuen Straße anzeigt. Denkste! Die Straße löst sich bald in einer Riesenbaustelle auf, zu der eine halb fertig gebaute Häusersiedlung gehört.

Ohne recht zu wissen, wo es lang geht, tappe ich deprimiert dahin. Ich muss einen Bauarbeiter fragen, ob die Richtung stimmt. Kurz darauf hält ein Bau-Transporter. Der Fahrer will mir helfen. Welch ein Glück! Er ist Ukrainer, wir können uns auf russisch verständigen. Er muss sich erst vor seinem Chef rechtfertigen, was er vor hat. Nach einigen Kilometern setzt mich der Mann am Stadtrand ab. Ich wünsche ihm und seinem Heimatland alles Gute.

Endlos scheint mir die Zuckelei auf dem Bürgersteig in Richtung Zentrum. Halt! Ein Schild weist auf eine Hotelanlage zwei Kilometer abseits. Beim Anblick des schmucken, zweiflügeligen Hotelkomplexes bin ich mir sicher: das klappt! Die hübsche Dame an der Rezeption spricht sogar englisch. „Alles besetzt, Leichtathletik-Championat!" Das muss erst mal verkraftet werden. Später entdecke ich seitlich am Seeufer ein nicht minder Hoffnung erweckendes großes Hotel. „Nie ma, alles besetzt!" Das Hotelrestaurant kann mir wenigstens ein gutes Mittagessen auftischen: Bier, Suppe, Stew.

Gerhard mit Hund Fado

Mutter Ingrid   Kaninchenbraten, Soße und Schmorkohl

Erinnerung an Partisanenkämpfe (bis in die 60er Jahre)

Es ist Nachmittag, wo soll ich hin, wo soll ich bleiben? Der Verkehr frisst meine Seele auf. Kurz entschlossen steige ich an einer Bushaltestelle in einen haltenden Bus, zerre das Wägelchen hinterher. Ich weiß nicht, wohin es geht. Mit meiner Landkarte in der Hand frage ich einen jungen Mann, wo denn die Endstation sei. Er zeigt genau auf einen Punkt, der zu meiner Wegplanung passt.

Wieder mal neigt sich meine Waage mehr zum Glück als zum Pech. Wir durchqueren ganz Olsztyn mit kilometerlangen Autozuliefer-Fabriken. An der Endstation liegt der Moloch Gott sei Dank hinter mir. Die Landstraße nach Klebark/Kleeberg ist aufgerissen, zerwühlt, schlammig, denn hier steht eine Erneuerung an. Es regnet, der Abend wirkt dunkler als sonst. Meine Schuhe werden überhaupt nicht mehr trocken. Nun bedeckt sie auch noch klebriger Lehm.

Emilia, Ingrid, Gerhard, Barbara und Andreas

In Kleebark, mitten auf einer Kreuzung, hält ein kleines schwarzes Auto. Eine schlanke junge Frau scheut nicht den Regen, steigt aus und sagt auf englisch: „Ich nehme Sie mit." An der Richtung gibt es keinen Zweifel. Wild entschlossen macht sie sich über mein Gepäck her und schleppt es zu ihrem Wagen. Alles unter der Himmelsdusche. Meine Einwendungen, sie kriege den Sulky im Auto nicht untergebracht, werden widerlegt. Sie schafft es irgendwie und lädt mich freundlich zu sich nach Hause ein, nachdem sie, sie heißt Emilia, telefonisch mit ihrem Freund gesprochen hat. Er würde für ein gutes Dinner sorgen, meint sie. Da ich aber nach sieben Kilometern einen anderen Weg einschlagen muss, ist die Fahrt leider schnell vorbei. Für mich ist die Geste Emilias unter solch miesen Umständen „unique and unforgettable" - einzigartig und unvergesslich -, wie ich zu Hause in meiner Dankeskarte schrieb.

Die Zeit ist vorangeschritten, der dichte Mischwald scheint mir wie eine nasse Wand, in der ich einen Eingang finden muss. An einem schmalen Wiesenstück ist mein Entschluss gefasst: Dort oben, am Wiesenhang, werde ich übernachten. Just in diesen Minuten drängen die ersten Abendsonnenstrahlen zur Erde. Ich kann im Freien essen. Nachts regnet es bis 5 Uhr. Das Ende meines Schlafsacks liegt in einer Pfütze. Das alles ertrage ich inzwischen mit stoischer Gelassenheit – es lässt sich ja nicht ändern. Der Fotoapparat reagiert auf die ewig feuchte Luft mit verschwommenen Bildern.

Tags darauf, einige Kilometer liegen hinter mir, spricht mich in Gylawy ein Mann an, der seinen Hund Fado ausführt. Der schwarze, gut gebaute Hundemischling wäre ein Fall für mich, läuft frei, ohne Halsband und hört aufs Wort. Mein Begleiter schiebt das Rad nebenher und mischt hin und wieder ein deutsches Wort in sein Polnisch. Plötzlich sagt er: „Sie müssen mit mir gehen. Meine Mutter spricht deutsch, ihre Eltern waren Deutsche. Sie wird sich über Ihren Besuch freuen."

Nach einer guten Stunde auf Feldwegen, die für mich eine Abkürzung gegenüber der Landstraße bedeuten, zeigt Gerhard auf ein kleines Gehöft auf einer Anhöhe: „Dort wohnen wir!" Das Dorf hieß früher Klein-Rauschen. Er führt mich in eine kleine, blitzblanke Küche, wo die weißhaarige Mutter Ingrid am Fenster ihren Sohn erwartet. Nachdem dieser alles berichtet hat, ist sie fast außer sich: „ Nej nej, is das denn meuchlich! Alles zu Fuß, das jibt es doch nich!" Und so weiter. Sie ist meine Altersklasse und hat als deutsches Kind nach '45 eine polnische Schule besucht. Ingrids Vater ist im Krieg gefallen. Außer Gerhard hat sie zwei Töchter, die in Deutschland als Altenpflegerinnen arbeiten und einen Sohn, der in Hamburg auf dem Bau sein Geld verdient.

Wir trinken Kaffee. Inzwischen sind die Kartoffeln gar, und Ingrid zaubert mir ein herrliches Essen mit Kaninchenbraten, Soße und Schmorkohl auf den Küchentisch. Dazwischen verlangt der prächtige „Dorfköter" Fado seine Streicheleinheiten. Gerhard zeigt mir die ehemaligen Ställe, wo aus zehn Schwalbennestern der Nachwuchs mit breit aufgerissenen gelben Schnäbeln nach Futter schreit.

Zehn Kilometer brauche ich nach Dzwierzuty/Mensguth, wo ich wohl einen guten Laden finden werde. Heute taucht neben den Schauerwolken hin und wieder blauer Himmel auf. Das Wandern wird fast wieder zur Lust und der gut gefüllte Magen spendet mir unendliche Kräfte.

In Mensguth lese ich auf einer Tafel bei der Kirche:

> ...Zu Weihnachten 1525 betonte, Bischof Georg von Polentz, der letzte katholische und der erste evangelische Bischof von Samland in seiner Predigt im Königsberger Dom, daß der einzige Weg zur Erlösung durch den Glauben und die Taufe führt. Nach dem Krakauer Vertrrag vom 6. Juli 1525 führte Herzog Albrecht offiziell die Reformation in seinem Land ein und machte das Reformationsmandat bekannt. Preußen war nun der erste protestantische Staat in Europa. Nach der Anordnung vom 10. März 1528 wurde die Kirchengemeinde In Mensguth dem Bischof von Pomesanien, Paul Speratus, zugeordnet.

1563 erfolgte die Übereignung von 4 Hufen Land von Herzog Albrecht von Hohenzollern an die Gebrüder Jakob und Urban Leyssner. Am 24. Oktober 1565 wurden weitere 10 Hufen Land an Lorenz Roch übertragen. 1693 hat ein großer Brand einen Teil der Kirche zerstört. Diese wurde 1695 wieder aufgebaut.

In den Jahren 1763-68 war Johann Samuel Gregorovius, Autor von *Postylla polska w sobie 67 każan zahwierajacey...* (Danzig 1763), der einzigen evangelischen Postille in polnischer Sprache von XVIII Jh., der Pfarrer von Mensguth. Seit 1770 war Mensguth der Sitz des Dominialamtes. Im August 1914 während des 1. Weltkrieges, wurde Mensguth für kurze Zeit von den russischen Soldaten erobert. Der russische General Novosilzof quartierte im evangelischen Pfarrhaus. Dank der Bemühungen des damaligen Pfarrers Christoph Damelowski wurde das Dorf nicht von den Russen zerstört.

Die 30er und 40er Jahre des 20. Jahrhunderts war die Zeit des Nationalsozialismus. Einige Gemeindemitglieder traten aus der evangelischen Kirche aus und schlossen sich der Nationalsozialistischen Fraktion der Deutscher, Christen an. Doch viele evangelische Christen waren in der Opposition und schlossen sich der Bekennenden Kirche an. Das war eine sehr schwierige Zeit für die Mensguther Kirchengemeinde. Am 21. Januar 1945 eroberten die russischen Soldaten Mensguth. Nach der misslungenen Evakuierung in Richtung der Danziger Bucht kehrten nur wenige Einwohner zurück. Gleichzeitig stieg die Einwohnerzahl durch den Zuwachs an Repatrianten aus den östlichen polnischen Gebieten und aus Masovien. Die polnische Staatsverwaltung entstand. Es begann ein schwerer Abschnitt der Zeitgeschichte, eine schwere Zeit für Masuren. Die Masuren traf der Zorn der Opfer, und das machte sie selbst zu Opfern. Den Masuren wurde die Heimat zur Fremde. Seit 1945 ist die evangelische Kirchengemeinde in Diwierzuty eine Filiale der Evangelisch-Augsburgischen (Lutherischen) Kirchengemeinde in Pasyni.

Wir laden Sie herzlich ein, unsere Kirche zu besuchen und über 600jährige interessante Geschichte von Mensguth/Dźwierzuty und der evangelischen Kirchengemeinde zu entdecken.

Ehe ich ins Grübeln komme, werde ich von hinten angesprochen. Ein Jungunternehmer bietet mir eine Mitfahrgelegenheit an. Ich lehne dankend ab, denn ich will ja laufen, habe auch schon einen Plan, an welchem See ich zelten werde. Noch acht Kilometer bis Orzyny/Erben.

Nun ist es wirklich schon Abend und richtig schwül. Ich steige zum Seeufer hinab, dort gibt es eine glatte, sandige Stelle. Das ist ein prima Platz! Doch halt! Vor die Abendsonne schiebt sich ein pechschwarzes Wolkengebirge, damit kenne ich mich aus. Es breitet sich ringsum aus, zum Fürchten!

Noch habe ich nicht abgeladen. Schnell eile ich zurück ins Dorf, wo man sich vielleicht unterstellen kann. Beim Suchen entdecke ich an einem Eckgrundstück ein Schild: POKOJE – ÜBERNACHTUNG. Das ist wie Zauberei.

Eine sympathische Frau Barbara und ihr genau so sympathischer Mann Andreas geben mir ein Appartement mit Terrasse. Sofort übernehmen sie das Trocknen von Zelt und Schlafsack in einem Trockenraum. Wenige Minuten nach meiner Ankunft mundet mir schon eine herrliche Gemüsesuppe. Zum Kaffee bringt mir Barbara ein Stück Kuchen. Sie spricht gut englisch. Andreas hat jahrelang in Bayern bei der Hopfenernte geholfen und schwärmt in gutem Deutsch von Sepp, seinem Hopfen-Chef. Zum Abendbrot serviert mir Barbara Eierkuchen mit Apfelsinenstücken in saurer Sahne, nachher noch Bratfisch mit Kartoffelsalat.

Kurz lässt sich stechend heiß die Sonne blicken. Dann wird es fast nachtdunkel. Das Unwetter bricht los. Am See wäre es für mich eine Katastrophe geworden. Diese unglaublichen Sturmböen, sintflutartiger Regen, Blitz und Donner. Ich sitze im Sessel, sicher und geschützt und betrachte mir das Naturschauspiel durch die Terrassentür, innerlich triumphierend, zugleich dem Schicksal dankbar. Das Wetter tobt die ganze Nacht. Je lauter es draußen rauscht und poltert, desto wohliger ist mir im Bett zumute.

Weil meine Wohnung ausgekühlt ist, beheize ich tags darauf den großen Kachelofen unermüdlich mit dicken Birkenscheiten. Ein würziger Duft durchzieht nun die Räume. Auf und an dem Ofen liegt meine ganze nasse Habe, d.h. alles, was ich an und bei mir habe.

Am folgenden Tag besuche ich den See, von dem aus man mit einem Paddelboot weite, tagelange Fahrten bis hin zum Spirding-See machen kann. Die ganze Ausrüstung dafür stellen meine Wirtsleute zur Verfügung. Damit hätten wir schon einen Plan für das nächste Jahr. Aber aufgepaßt, es donnert schon wieder! Ich muss rennen und schaffe es mit den ersten dicken Regentropfen gerade noch zurück.

Ostpreußens Tragödie

Am Sonntag, dem 19. Mai, ziehe ich von dannen, begleitet von guten Wünschen, Foto-shooting und Winkewinke. Blauer Himmel, saftiges Wiesengrün, sich in der Ferne verlierende Seenketten. Ein Storch schüttelt mit ausgebreiteten Flügeln die Nässe aus dem Gefieder, stakst dabei hin und her. Seit Tagen laufe ich durch eine nicht enden wollende Ansammlung von

Orzyny/Erben

In der Pension von Barbara und Andreas

Hier ruht in Gott Gottlieb Haunutsch

Rybno/Ribben

Wita, Schutzgott der Fischer und Angler

Seen, die Masurische Seenkette, in einer West-Ost-Ausdehnung von 150 Kilometern. Mit Wanderkarten könnte ich mir diesen Teil auf schmalen Pfaden ganz anders erschließen. Doch das wäre wieder ein Projekt für sich. Es läuft sich phantastisch auf der Straße nach Mragowo/Sensburg, meinem heutigen Ziel.

Mein Erinnern an die Bücher über Ostpreußen, die ich besitze und gelesen habe, setzte erst richtig ein, als ich die Weichsel hinter mir gelassen hatte. Siegfried Lenz (1926-2014), aus Elk/Lyck stammend, hat in dem Buch *So zärtlich war Suleyken* Geschichten über die Bewohner eines fiktiven Ortes geschrieben, hinterwäldlerische, skurrile Typen mit der Mentalität deutscher und osteuropäischer Volksstämme und der deftigen Sprache, die sie verband. Zum Vorlesen und Schmunzeln ist das Buch gut geeignet und öffnet das Herz für den ostpreußischen Menschenschlag. Auch in seinem Roman „Heimatmuseum" erfährt man etwas über die ganz spezielle Prägung der Menschen einer vielfach noch vorindustriellen Gesellschaft durch die Landschaft und Ostpreußens Grenzland-Geschichte.

Adolf Hitlers einzigartige Wahlerfolge in Ostpreußen bei den Reichstagswahlen von 1933 kann man nur in diesem Kontext verstehen. Dass die Bevölkerung schließlich in den letzten Kriegsmonaten mit dem Einmarsch der Roten Armee durch die Hölle gehen musste, wobei man bis zum Schluss immer noch der Propaganda von der „Wunderwaffe" des „Führers" vertraute, ist eine tragische Ironie der Geschichte. D i e Ostpreußen gibt es heutzutage nicht mehr, sie sind so gut wie ausgestorben. Der uns anrührende Dialekt, die Lieder, Sitten und Gebräuche werden durch akustische und visuelle Dokumente aufbewahrt. Ich habe bei meinem ersten Besuch in Masuren 1972 noch mit einigen „Übriggebliebenen" sprechen können, Zeitzeugen, die sogar noch an den Kosaken-Einfall vom August 1914 eine Erinnerung hatten.

Aber nun zurück auf die Landstraße nach Mragowo/Sensburg. „Auf dieser Straße", geht mir durch den Kopf, „was hat sich da im Januar 1945 bei Minustemperaturen von über 20 Grad wohl alles abgespielt!" Gräfin Marion Dönhoff (1909-2004) hat in ihrem Buch „Namen die keiner mehr nennt" beschrieben, wie es war. Erst, als es für viele schon zu spät war, gaben die Nazifunktionäre die Erlaubnis zur Flucht, und ein nicht endender Strom von Flüchtlingen wälzte sich auf allen, oftmals schneeverwehten Landstraßen gen Westen. Marion Dönhoff beschreibt den Treck mit den vielen Leuten ihres Gutshofs, der irgendwann zersprengt wurde, so dass sie sich allein auf dem Rücken ihres Pferdes bis an den Rhein durchschlug.

Viele Menschen suchten ein Entkommen über die Ostsee und strebten dem Hafen Pillau zu. Augenzeugenberichte darüber sind an Dramatik nicht zu überbieten. Für das große Leid an und auf der Ostsee spricht das Schicksal des Kreuzfahrtschiffes „Gustloff", das von Danzig aus mit 10.000 Flüchtlingen nach Westen unterwegs war und schon kurz nach ihrer Abreise durch ein sowjetisches U-Boot versenkt wurde. Dem U-Boot-Kommandanten wurde in Königsberg ein Denkmal gesetzt.

Übrigens floh zur gleichen Zeit auch meine Mutter mit meinem Bruder und mir vor der Roten Armee in Richtung Westen. Wegen der Bombenangriffe auf Berlin waren wir 1943 in das Ostseedorf Sorenbohm evakuiert worden. Wir flüchteten unter dem Geschützdonner der nahenden Front mit Pferdewagen und offenem Güterwagen über Köslin nach Kolberg und weiter mit einem Flüchtlingsschiff nach Swinemünde. Einziger Besitz: ein Kochtopf voller Schmalz. Mir, dem Fünfjährigen, haben sich unvergessliche Bilder ins Gedächtnis gebrannt: von dem Gewimmel der Treckgespanne, von Soldatengruppen mit Kopfverbänden, Gruppen von Nazifunktionären in brauner Uniform, von Eisschollen, von Stopps wegen schwimmender Minen, die Seesoldaten vom Beiboot aus mit langen Stangen auf Distanz hielten. Die kurze Fahrt dauerte zwei Tage und eine Nacht. Dann ging's weiter nach Lehrte bei Hannover.

Der Arzt Hans Graf von Lehndorff (1910-1987) beginnt sein *Ostpreußisches Tagebuch* mit einer Schilderung der Atmosphäre im Sommer 1944:

Die Vorboten der Katastrophe machten sich bereits in den letzten Junitagen 1944 bemerkbar - leichte, kaum ins Bewusstsein dringende Stöße, die das sonnendurchglühte Land wie von fernem Erdbeben erzittern ließen. Und dann waren die Straßen auf einmal überfüllt mit Flüchtlingen aus Litauen, und herrenloses Vieh streifte quer durch die erntereifen Felder. Noch war es schwer zu begreifen, was da geschah, und niemand durfte es wagen, seinen geheimen Befürchtungen offen Ausdruck zu geben... Eines Tages wurde bekannt, dass die Landesgrenze preisgegeben worden sei. Zwanzig, dreißig Kilometer war der Feind schon darüber hinaus, dann kam die Front noch einmal zum Stehen. Wie es dahinter aussah, wusste niemand zu sagen. Man konnte nur hoffen, dass niemand zurückgeblieben sei, denn was aus einigen vorgeschobenen Orten berichtet wurde, die der Feind nach kurzer Besetzung wieder aufgegeben hatte, ließ das Blut erstarren...".

Graf Lehndorff erlebte als tätiger Arzt den Kampf um Königsberg und die Besetzung durch die Rote Armee.

Am Sonntag nach Sensburg

Die Zeitzeugenberichte, die ich seit meiner Radreise nach Königsberg (2009) in meinem Kopf aufbewahrt habe, verknüpfen sich hier beim Anblick alter Chausseebäume zu einer Art von Dialog: „Erzählt doch mal...". So gibt es unter den unterschiedlichsten Stimmungen, die mein Wohlbefinden beeinflussen, neben der „Wetterstimmung" die „Seelenstimmung", die mich ernst oder heiter macht. Das historische Wissen, wie Polen und Deutsche im 20. Jahrhundert in die Mühlen politischer Systeme gerieten, meldet sich beim Anblick jedes alten Bauernhofs, jeder halb verfallenen Försterei, jedes Bahnwärterhauses oder der erhaltenen Häuserfronten kleiner Städte.

Auf meinem Sonntagsmarsch nach Sensburg komme ich kurz hinter Rybno/Ribben an einem Friedhof vorbei, der auf einer leichten Anhöhe mit weiter Aussicht über Wiesen und Felder liegt. Einige alte, gusseiserne Grabkreuze wecken mein Interesse. Ich trete durch die Eingangspforte. Links liegen die gut gepflegten polnischen Gräber, rechts befindet sich das große, kahle Areal des ehemals deutschen Friedhofs. Jedenfalls ist es nicht von einer nachgewachsenen Wildnis überwuchert. Wahrscheinlich war in der Nachkriegszeit die antideutsche Stimmung Ursache für die Zerstörung der Grabmäler. Jetzt sieht es so aus, als würde man dem Wenigen, was übrig ist, Denkmalsschutz gewähren. Damit wäre z.B. der „in Gott ruhende" Gottlieb Haunutsch (geb. d. 24. Juni 1839, gest. d. 10. Juli 1904) der ewigen Vergessenheit entrissen. Eine gepflegte, sonntäglich aussehende Frau, die am Gottesdienst in der Kirche teilgenommen hatte und nun ein Grab besucht, hat mich entdeckt und als Deutschen identifiziert.

Sie spricht mich auf deutsch an und erzählt, daß ihre Eltern aus Lwow und Minsk, damals Ukraine, stammten. Sie seien im Krieg nach Deutschland verschleppt worden und hätten sich dort in einem Arbeitslager kennengelernt. Nach dem Krieg blieben sie in Deutschland, und so wurde sie in Heilbronn geboren und ist dort aufgewachsen. Hier besucht sie das Grab eines Verwandten aus der Ukraine. Die Frau ist mir zugetan, als ich mein Mitgefühl über das Schicksal ihrer Familie äußere, und wir verabschieden uns sehr herzlich.

Sensburgs Altstadt verlockt mich zu einem Bummel. Kaum habe ich mein schönes Zimmer im Hotel *Huszcza* bezogen und ein großes Glas Bier geschluckt, zieht es mich raus. Es herrscht Sonntagsstimmung. Fein gemachte Menschen bevölkern die Straßen, suchen im Park den Schatten und genießen die Promenade entlang dem Seeufer. Am Rand des Parks haben katholische Priester Mikrophon und Lautsprecher installiert. Ein junger Mann singt zur E-Gitarre Kirchenlieder in Pop-Manier, man hört es bis auf die Straße, danach folgt eine temperamentvolle Rede des Priesters und wieder Musik. Eine erhebliche Zuhörerschaft, Alt und Jung, steht oder sitzt auf dem Rasen und lässt sich berieseln. Polen ist noch immer ein zutiefst katholisches Land.

Unwetter

Beim Frühstück im großen Saal lässt es sich eine große Gruppe aus Sachsen gut schmecken. Ein Paar, das gestern meine Ankunft beobachtet hatte, tritt zu mir, interviewt mich in netter Weise und wünscht mir alles Gute.

Schon früh wird es warm und lässt auf einen auszehrenden Marsch nach Mikolajki schließen. Ich muss einen weiten Bogen nördlich der Straße 16 schlagen, sie später überqueren und einen südlichen Bogen finden, um den Autokontakt zu vermeiden. Ich rechne mit 40 Kilometern.

Es wird eine richtige Waldwanderung, hin und wieder begegnen mir Radfahrer. Die Hitze steigert sich bis zum Nachmittag und meine Wasservorräte schwinden. Bei meinen bisherigen Wandertagen mit Hitze kam es abends regelmäßig zu Gewittern und wolkenbruchartigen Regenfällen, mal für wenige Stunden, mal die ganze Nacht hindurch. Ob sich diese Standard-Wettersituation heute wiederholt? Siehe da, in der Ferne grummelt es. Ein untrügliches Zeichen für ein näherkommendes Gewitter. Das freut mich, verbinde ich damit doch zu allererst eine erquickende Erfrischung. Dem momentanen Leiden ein Ende zu wünschen, hat eben immer Vorrang.

Erst am frühen Abend endet das Waldgebiet. Ich folge nun einer ruhigen Chaussee nach Mikolajki. Leichter Regen setzt ein, herrlich so direkt auf die Haut! Noch zwei Stunden! Das Zentrum des Gewitters rückt heran, das Tageslicht wird ausgeknipst. Im Gegensatz zum Laufen im kalten, grauen Regen habe ich jetzt die angenehme Dusche nach der Hitze! Ich komme flott voran.

Wie heißt noch die Formel? „Schallgeschwindigkeit = 300 m/sek." Also fange ich bei jedem Blitz zu zählen an: 21-22-23..., bis der Donner mein Ohr erreicht, und multipliziere mit 300. So weiß ich in etwa, ob das Unwetter schon gefährlich nahe ist. Je näher der Donner, desto heftiger wird der Regen. Entgegenkommende Autos fahren mit Licht. Meine Schonfrist geht zu Ende. Die Furien sind entfesselt. Mit dem Paukenschlag eines scharfen

Mragowo/Sensburg

Schönes Hotelzimmer in Sensburg

Mikolajki/Nikolaiken

Die Kirche von innen

Lyck/Elk

Donnerklangs rast ein Sturm durch die Baumwipfel, alle Bäume beugen sich in eine Richtung.

Wie auf einem Großsegler dröhnt und jault es durchs Geäst, dazu das Krachen des Gewitters, das grelle Aufleuchten der Blitze. Es gießt wie unter einem Wasserfall. Ein Bach sprudelt auf dem Asphalt, in seinem Wasser werden die Himmelslichter gespenstisch reflektiert. Später wird mir bewusst, dass mir meine Eindrücke und Empfindungen vorgegaukelt haben, ich erlebte das Unwetter in einem kleinen Boot auf hoher See.

Es gibt keinen Schutz. Ich muss weitergehen. Auf das Herabstürzen von Ästen werde ich erst mit dem Schlag auf die Schulter aufmerksam. Ein Format, das man nicht auf den Kopf bekommen sollte. Der Schmerz meldet sich erst später, der kleine Rucksack hat vielleicht die Wucht abgemildert. Hagelkörner peitschen mir waagerecht ins Gesicht. Es ist eiskalt geworden. Mir gelingt es, mich in die wie wild flatternde Regenjacke zu winden. Ich bin ein kleiner Wurm, der mit zusammengebissenen Zähnen mitten durch einen strömenden Bach platscht, möglichst weit weg von den Chausseebäumen. Das Wasser staut sich an den Füßen.

Schemenhaft tauchen die ersten Häuser auf. Es gibt keinen Menschen, den ich nach der Pension fragen könnte, in der ich ein Zimmer bestellt habe. Meine Kräfte und meine Moral sind fast am Ende. Das Unwetter gibt noch nicht auf, die große Brücke ist weiß von Hagelkörnern.

Dass hinter der Brücke die gesuchte Straße abzweigt, ist unglaublich. Wenig später erscheint ein Hinweis: „Pensjonat Mikolajki". Nun noch 200 Meter, klingeln, Einlass. Man hatte mich längst erwartet, der Inhaber zerrt mich förmlich ins Treppenhaus. Er spricht deutsch: „Waren Sie die ganze Zeit draußen? So etwas hat es lange nicht gegeben. Sie können alles Nasse in den Heizkeller hängen. Danach habe ich für Sie frische Eierkuchen mit Rosinenquark. Im Zimmer haben Sie einen Wasserkocher."

Ich schlottere vor Kälte. Es gibt mal wieder nichts Trockenes in meiner Ausrüstung. So behänge ich mich mit den Handtüchern und komme bei vielen Tassen Tee nach und nach zur Ruhe. Über dem Schulterknochen ist eine blaurote Stelle, aber alles ist heil.

Mikolajki

Am Frühstückstisch ist das Unwetter erst einmal das Hauptthema. Dabei sitzt ein amerikanisches Ehepaar mit familiären Wurzeln kreuz und quer durch Osteuropa. Er, ein „Banker", stellt sogar einen Vergleich mit den amerikanischen Golfstaaten an, in denen regelmäßig Taifune toben.

Auf den Straßen von Mikolajki sei man schon eifrig dabei, die Spuren von gestern zu beseitigen. Ein junges Schweizer Pärchen, das mit einem Hausboot durch Masuren tourt, musste sein Domizil fluchtartig verlassen, weil das Dach stark beschädigt worden war und hat hier vorübergehend eine Bleibe gefunden. Von dieser Veranda aus konnte man gestern beobachten, wie die Wellen hier am Ende des langen Jez.Talty-Sees über die Ufer schlugen, wie die vielen vertäuten Sportboote einen wilden Tanz aufführten und teilweise voll Wasser schlugen. Mein Kampf gegen die Gewalten wurde angesichts der feuchten Hose, des feuchten Hemdes und der nassen Schuhe gewürdigt.

Das angenehme Wetter will ich gleich nutzen, um bei einer Runde durch den Ort mein Outfit zu trocknen. Mikolaijki lebt hauptsächlich vom polnischen und deutschen Tourismus. Die Stadt ist über das Wasser mit der riesigen Masurischen Seenplatte verbunden. Das macht sie so attraktiv. Ursprünglich war Nikolaiken ein Fischerdorf mit dem Namen seines Schutzpatrons St. Nikolaus. Für Fischesser war und ist die Nikolaiker Maräne ein besonderer Leckerbissen. Vom Krieg ist das Städtchen verschont worden. Hier war die deutsche Abwehr unter Admiral Canaris stationiert.

Heute bin ich in ausgesprochener Ferienstimmung. Die Nachwirkung vom gestrigen Abend verwandelt sich mit dem Kontrast zum blauen Himmel, zu den halbwegs getrockneten Schuhen und der vor mir liegenden langen Ruhepause zu einem Wohlgefühl, wie es sich nicht mehr steigern läßt. Ich lasse mich treiben, schaue zu, wie die Bootsbesitzer sich um ihre lädierten oder vollgelaufenen Boote kümmern, beobachte Schulklassen, die auf ein Ausflugsschiff drängeln und folge einem Einfall: Laß dir mal die Haare schneiden.

Unweit der im gelben Klinker weit über Mikolajki mit ihrem schlanken, spitzen Turm ragenden Kirche trete ich in einen Friseurladen. Ein hübsches junges Mädchen macht sich wortlos und ohne die Miene zu verziehen mit meiner Kopfwäsche an die Arbeit: „Mein letzter Friseurbesuch war vor sieben Wochen in Berlin." Keine Reaktion. „Mir gefällt es gut in Mikolajki ."

Nichts. Dabei könnte dieses Gesicht so schön lächeln. Stumm weist sie mich zum Frisiertisch. Unterdessen füllt vom Arbeitsplatz ihrer Chefin her ein fröhliches Gelächter den Raum. Ich merke, das Mädel hat noch keine Routine im Schneiden. Sie teilt meine Haare in einzelne Büschel, die sie mit der Schere ungeschickt zu kürzen versucht. Ich ahne Schlimmes. Aber die Ablösung naht. Etwas älter und auch sehr hübsch. Schnippschnapp, geht es flott voran. Ohne ein Wort und ohne eine freundliche Geste. Mir bleibt nur, ein schnelles Ende dieser merkwürdigen Behandlung herbeizuwünschen.

Die Chefin kassiert freundlich, ich hab's überstanden – puh. Später wird's mir langweilig. Ich suche den Weg, auf dem ich morgen weiterziehen will, parallel zum Ufer des riesigen Spirdingsees. Zwei Stunden lang quäle ich mich ab, bis ich sicher bin. So kann ich morgen recht früh zielgerichtet losgehen. Es ist wieder unerträglich heiß. Das Abendgewitter zeigt diesmal trotz Blitz und Regen wenig Energie.

Hoher Himmel, weites Land

Und so beginnt meine Tour auf der Waldstraße nach Luknajno mit der Frage: Heute vielleicht mal ohne Abendgewitter? Sumpfwald säumt den schmalen Fahrweg, alles ist aufgeweicht, große Pfützen behindern mich. Vom größten See Polens ist nichts zu sehen, dazu ist die Vegetation zu dicht. Am Luknajno-See soll sich jedes Jahr die größte Ansammlung von Höckerschwänen, etwa 2000, niederlassen. Dorthin führt ein schmaler versumpfter Pfad, den ich nicht betreten kann.

Wärme, Feuchtigkeit und Sumpfvegetation sind die beste Voraussetzungen für Mücken. Die haben schon auf mich gewartet und fallen über mich her. Bald steigt der Weg an, lässt Mücken und Sumpf hinter sich und wird von Kiefern abgelöst. Schließlich öffnet sich der Wald und geht in eine grandiose, unendlich weite, hügelige Wiesenlandschaft über. Dazwischen blinken rote Dächer kleiner Weiler und blaue Tupfer kleiner Seen. Ich bin begeistert. Die Bilder gewinnen noch an Stimmung durch turmhohe Wolkenberge. „Der heiße Ostpreußische Sommer mit seinem hohen, weiten Himmel " - davon hatten alte Leute früher geredet, das war für mich immer ein Synonym für dieses so weit im Osten liegende geheimnisvolle Land.

Über Chmielewo/Chmielewen und Okartowo/Eckersberg, von Alleebäumen vor der Sonne geschützt, mit ein wenig Hoffnung auf eine Unterkunft, lädt noch vor der Stadt Orzysz/Arys eine Tankstelle zum Bleiben ein. Es ist ein Tankstellen-Motelkomplex, modern und gut organisiert. Mein Zimmer ist gerade groß genug für das Bett, aber auch für ein kleines Bad. Das Fenster an der hohen Zimmerdecke ist mit einer Stange zu öffnen. Alles pico bello. Unten bekomme ich im Restaurant ein gutes Standartessen – was will ich mehr?

Um nach Elk/Lyck zu kommen, schlage ich mich nördlich der Straße 16 in die Büsche. Das wird länger als einen Tag dauern. Es sind einsame, sandige Fahrwege entlang malerischer Randkiefern. Ein harziger Duft hängt in der drückenden, unbewegten Luft. Nur hin und wieder treffe ich auf den kahlen Anhöhen auf einen alten Gutshof, früher Mittelpunkt betriebsamen Lebens, heute mit nur wenigen Spuren menschlicher Existenz. Der weite Ausblick fasziniert mich, es macht großen Spaß, hier zu laufen. Dort, wo mein Weg an Baumbeständen entlang führt, lässt die Anwesenheit lebender Maikäfer und unzähliger Überreste ihrer Chitinpanzer mein Herz freudig schneller schlagen. Wann sieht man bei uns noch einen Maikäfer!? Wahrscheinlich hat das Unwetter die Krabbeltiere aus den Laubkronen der Bäume gespült bzw. sie sind vom Hagel erschlagen worden. In den fünfziger Jahren galten sie bei uns noch als Plage, und wir Kinder spielten mit ihnen.

Möglicherweise unterscheidet mich meine Begeisterungsfähigkeit bei der Begegnung mit kleinen und großen Tieren unserer Heimat von vielen Mit-menschen. So hatte mich kürzlich bei einigen meiner regelmäßigen Laufrunden das Auffliegen einer größeren Rebhuhngruppe, wie auch ein anderes Mal eines Wachtelpärchens für Tage in eine gehobene Stimmung versetzt. Sind doch umweltrelevante Beobachtungen und Nachrichten im Vergleich zu zurückliegenden Jahrzehnten zumeist mit Begriffen wie Rote Liste, Rückgang, Verlust verbunden.

Schüsse in der Nacht

Mein Weg verliert sich je nach Bodenbeschaffenheit in tief gelegenen Feuchtwiesen und in vom Winde verwehten Sandstrecken. Da ist mir mein Kompass eine wichtige Hilfe. Dann taucht ein See auf und dicht dabei das Dorf Rosken/Waiblingen. Ein Ferienort mit hohem Standard. Klein aber fein, mit gepflegten Wassergrundstücken und einer Spielstraße für Kinder. Aber ohne Laden. Ich brauche unbedingt Nachschub an Wasser. Eine alte Frau, die meine Unternehmung mit lautem „O moi Boshe - O mein Gott" kommentiert, füllt mir die Flaschen und weist mir den weiteren Weg. Am Ende des Sees nehme ich von einem verfallenen Steg aus mein erstes Bad im Freien.

Kraniche

Freund Adebar

Abends zähle ich im Dorf Woszczele/Neumalle zweiundzwanzig bewohnte Storchennester. Es ist spät geworden. Ich muss zusehen, dass ich ein Plätzchen finde. Einige hundert Meter weiter scheint mir ein Areal mit jungen, unregelmäßig verstreuten Kiefern gut geeignet zum Campen. Reichlich kaputt krieche ich ins Zelt. Es ist fast dunkel. Plötzlich knallt ein Schuss. Nach einer Weile ein weiterer Schuss aus einer anderen Richtung.

Dieses Schießen mit wechselndem Standort bleibt auf Distanz zu meinem Lagerplatz, erfolgt aber die ganze Nacht hindurch bis zur Dämmerung. Ein Rätsel. Erst als ich morgens weiterziehe, treffe ich auf der Straße einen alten Mann mit Schubkarre. Ich frage ihn nach den Schüssen. Seiner polnischen Antwort entnehme ich bruchstückhaft, dass die Schüsse eine abschreckende Wirkung auf Wölfe der Umgebung haben sollen, weil man eine große eingekoppelte Wiese demnächst mit einer Schafherde besetzen wolle. Eine Antwort, die mich mit Befriedigung erfüllt, weil es hier anscheinend Wölfe gibt. Ob ich eines dieses scheuen Tiere mal zu Gesicht bekommen werde? Wohl nicht.

Ein Gourmet dürfte diese Reise mit mir nicht machen, er bekäme schlechte Laune und würde schwächeln. In meinem kleinen, innen mit Silberfolie verkleideten Täschchen befindet sich heute eine Dose mit Butter, die durch kalte Nächte und kühle Tage hart und nicht streichfähig wurde, unnütz und dadurch auf der Wegwerfliste. In einer Tüte warten verklumpte Müslireste, die durch Nässe immer wieder ihre Konsistenz veränderten. Dann zwei verschieden gewürzte Frischkäse in Plastikbehältern (meine momentane Lieblingsnahrung) und drei große Brötchen, die für mich erst genießbar werden, wenn sie zwei Tage alt sind. Was habe ich noch? Eine Tube mit süßem Milchkonzentrat für das Müsli, ein paar Hartwurstscheiben, eine Tomate, ein Apfel und einige Energieriegel.

Ganz selten erwische ich eine Tankstelle, ein Hot Dog von dort hält den ganzen Tag vor. Für den Durst reicht mir Wasser. Bei Hotelübernachtungen falle ich nicht wie ein Wolf über das Nahrungsangebot her. Der Sattheitsgrad ist immer viel zu schnell erreicht, das Frühstück ist mir um 8 Uhr zu früh, um ordentlich zuzuschlagen. Die Augen vermögen den anscheinend eingeschrumpften Magen nicht zu überlisten. Eine Rast ist nie dem Ausruhen gewidmet, sondern den wenigen Happen zwischen „Frühstück" und Abendbrot. Beim Lesen im Zelt kaue ich gerne Gummibärchen.

Lyck, „Hauptstadt des Masurenlandes"

Der Morgenhimmel verspricht einen schönen Tag. Innerlich frage ich mich vor dem Anschirren an meinen Sulky oft, wie es mir geht. Das wird kein Körpercheck, sondern eine kleine Seelenanalyse. Je länger ich unterwegs bin, umso mehr gefällt mir meine Selbstverständlichkeit bei allem Tun. Ich fühle mich allen Anforderungen gewachsen. Kurzum, die Moral ist gut.

Die mittelgroße Stadt Elk/Lyck tritt heute schon vormittags in mein Gesichtsfeld: mit einem stolzen, alten, frisch restaurierten Wasserturm von 1895. Die Spannung ist groß und die Vorfreude auf gutes Essen nicht minder: Werde ich eine Unterkunft finden? „Du wirst dir ein herrliches Essen leisten und behaglich dein Bier trinken. Du wirst auf einer Bank am Lyck See sitzen, ein Pfeifchen rauchen und die Menschen beobachten."

Die Stadt ist groß und geschäftig, die Häuserfronten wirken in ihrer frischen Farbigkeit und unterschiedlichen Stilart freundlich. Viele Geschäfte, gut gekleidete Menschen - so stellt sich mir der Kontrast zum dörflichen Leben dar. Die Hauptstraße ist nur durch zwei Häuserreihen und einen Promenadenstreifen vom See getrennt. Nach einer Weile frage ich eine ältere Dame nach Hotel oder Pension. Da dreht sie sich um und weist in eine Einfahrt. „Hier um die Ecke finden Sie die Pension „Faust". Ich werde an der Rezeption freundlich begrüßt und frage: „Czy jest jeszcze wolny pokoj? - Gibt es noch ein freies Zimmer?" - „Mamy jeden piekny pokoj - Wir haben ein schönes Zimmer." Es folgt ein Schwatz auf Russisch, und schon habe ich den Zimmerschlüssel. Wie so oft wird alles Nasse im Zimmer ausgebreitet, dann geht's raus zu einer kleinen Stadtbesichtigung.

Laut Brockhaus von 1875 war Lyck „die Hauptstadt des Masurenlandes", bekannt für seine „bedeutenden Schweinemärkte". An früher erinnert nur noch die neogotische Kirche, vor deren Portal sich mehrere Priester mit munteren Gebärden versammelt haben. Einer von ihnen, noch jung, vollzieht eine amüsante Metamorphose. Er trennt sich von der Gruppe, geht zu einem Auto, aus dem eine junge Frau aussteigt. Dann entledigt er sich seines Ornats. Jetzt steht dort ein attraktiver Mitdreissiger in Jeans, T-Shirt und einer modischen Weste, der sich ans Steuer setzt und mit der Frau an seiner Seite davonbraust. Bei solchem zivilen Outfit könnte ich mir vorstellen, dass er zur liberalen Richtung des katholischen Klerus gehört.

Während die Kirche in der polnischen Geschichte seit der polnischen Teilung Ende des 18. Jahrhunderts eine bedeutende Rolle als Bewahrerin von Sprache, Kultur und Nationalbewusstsein bis lange nach dem Zweiten

Weltkrieg spielte, bringt der gesellschaftliche Umbruch nach dem Sturz des kommunistischen Systems den Klerus in Konfusion. Man sträubt sich gegen liberale, demokratische Entwicklungen, wie wir sie in Deutschland kennen, unterstützt die reaktionäre, populistische PIS-Partei und scheut sich nicht vor offenem Antisemitismus ihres „Senders Marya". Da haben es junge, liberale Priester schwer, dagegen anzugehen.

Lyck muss im Krieg sehr zerstört worden sein – so meine Vermutung. Die Wohnquartiere verraten Geschmack und Phantasie. Zwischen ihnen viel Grün. Die Promenade mit Grünstreifen, Bänken und Kinderspielplätzen ist frei von Müll, Schmierereien und Zerstörungswut. Ich sitze mit Blick auf den See, halte meinen großen Appetit noch mittels einer Flasche Milch und eines Käsesandwichs zurück. Heute ist Samstag und bei schönem Wetter Ausgehtag für Jung und Alt. Eine Großfamilie hat die Bänke neben mir belegt. Den Ältesten schmückt ein echter Pilsudski-Bart: von der Oberlippe aus nach beiden Seiten herabhängend – wie wir ihn auch von Lech Walensa kennen. Er sucht etwas Ruhe auf meiner Bank und fragt, ob es mir recht sei. Da kann ich wieder punkten mit „proszce bardzo, tu est wolne - bitte sehr, hier ist frei."

Bei solchen Kontakten weckt meine Wanderstory immer Interesse und Sympathie. Als meine Sprachvorräte verausgabt sind, gehen wir mehr und mehr zum Russischen über. Man würde von den meisten alten Polen wohl ähnlich bewegende Lebensläufe erfahren wie den meines Gesprächspartners. Der Mann erzählt, seine Eltern seien 1947 aus dem früheren Südostpolen nach Ostpreußen deportiert worden, weil Stalin jenes Gebiet der Sowjetunion zugeschlagen hatte. Seine Familie gehörte damals der ukrainischen Minderheit an. „Innerhalb von drei Monaten, bis Ende Juli 1947 wurden etwa 160.000 bis 200.000 Angehörige der ukrainischen Minderheit aus dem Südosten Polens zusammengetrieben, in Eisenbahnwaggons gepfercht und nach Westen in die ehemals deutschen Gebiete östlich der Oder verbracht, um dann dort buchstäblich in alle Winde verstreut zu werden. Der ukrainische Teil durfte nirgendwo mehr als zehn Prozent der lokalen Bevölkerung ausmachen.

Mit der „Aktion Weichsel" wollten Stalin und die kommunistischen Machthaber vor allem die ukrainische Untergrundarmee UPA ausschalten, die nach dem Ende des Zweiten Weltkrieges einen aussichtslosen und bald darauf erstickten Guerillakrieg führte. Ähnliche Gruppen im Baltikum nannten sich „Waldbrüder". Jetzt wird mir klar, was es mit den Fotos und Texten an

Hauswänden und Hinweistafeln auf sich hat, die mir in Dörfern und Klein-
städten aufgefallen waren. Mit großem Interesse höre ich dem Mann zu und
erfreue ihn zum Schluss mit meinen Erlebnissen auf der Radreise nach
Wolgograd und einer Wandertour nach Rumänien, wobei ich jeweils ukrainischen Boden betreten hatte.

Wolfsfährte und Lagerfeuer

Mit einem der besten Frühstücke im Bauch verlasse ich die Stadt an diesem
Sonntag, dem 26. Mai,, an dem die Bürger Europas bei der Europa-Wahl
ihre Stimmen abgeben werden. Wie es scheint, begegnen mir nicht nur
sonntäglich gekleideten Kirchgängern, sondern auch Wahlgängern.

Nach einem Stück auf der Straße 16 wende ich mich in einem Bogen nach
Nordosten. Hier wird es ausgesprochen einsam, ohne Hinweisschilder zu
irgendwelchen Ansiedlungen. Der Blick schweift weit über welliges Wald-
und Wiesenland. Doch ich kann nicht in meiner gewünschten Richtung
weitergehen, denn mein Kartenblatt endet nach Norden zu, ich muss mich
nach Südosten wenden. Mir schwant, da kommen einige Zusatzkilometer
zusammen. Aber was macht das schon: Ich habe ja Zeit, bin ausgeruht, bin
autark! Hinzu kommt: mir gefällt das Laufen abseits der Straßen.

Der lehmig-feuchte Weg erzählt mir kleine Geschichten von großen und
kleinen Tieren, die hier deutliche Fährten hinterlassen haben und die ich
aus meiner Wohngegend kenne: Mäuse, Wiesel, Rehe, Hirsche, Krähen,
Kraniche. Keine Wildschweine. Plötzlich stutze ich: vom Waldrand her
kommen Abdrücke eines Hundes bis zu dem Weg, auf dem ich mich befin-
de. Der Pfotenabdruck hat eine Länge von etwa zehn Zentimeter – ein großer Hund! Ohne den Fußabtritt eines Menschen dabei.

Liegt es da nicht auf der Hand, an einen streunenden Hund oder – viel lieber - an einen Wolf zu denken? Ostpolen ist schon immer Wolfsheimat.
Nun weiß ich aus TV-Berichten, dass der vorwärts trottende Wolf seine
Hinterpfoten genau in die Abdrücke seiner Vorderpfoten setzt. Und tatsächlich, wo der Weg feucht war, gibt es eine saubere Laufspur. Meine Ge-
wissheit überwiegt die Zweifel.

Es ist spät geworden. Hinter einem Hügel zeigt sich die Kirchturmspitze
von Pisanica/Ebenfelde. Um zu einem Waldstück zu gelangen, muss ich
eine üppige Wiese durchqueren. Es ist mir peinlich, das Gras niederzuwal-
zen. Vom Dorf her kann man mich glücklicherweise nicht sehen. Es vergeht
wohl eine Viertelstunde, dann habe ich das Grasmeer durchwatet. Der Wald

Auf dem Weg nach Augustow bekomme ich von ihr eine Pfingstrose überreicht

wirkt nicht sehr einladend, der Boden ist morastig. Ich muss am Rand bleiben. Mit Mühe finde ich eine passende Fläche.

Die letzten Kräfte gelten der Vorbereitung auf einen frisch über dem Feuer gekochten Tee. Ich schneide zwei gegabelte Zweige ab und bohre sie in den Boden. Dazwischen liegt die kleine Feuerstelle und über ihr hängt – an einem Stock von Astgabel zu Astgabel – der Teekessel.

Darüber hänge ich den Teekessel an einen Stock zwischen den beiden Astgabeln. Nach alter Waldläuferart finde ich das trockenste und beste Holz an der Birke. Sogar trockene Birkenrinde bietet sich an. Trockenes Birkenholz erzeugt kaum Qualm, der mich verraten könnte. Mein Durst ist gewaltig. Nun noch einen kleinen Holzvorrat nebenbei. Schneller als auf dem Küchenherd sprudelt das Wasser. Dann liege ich entspannt am Feuer. Viele Mücken tanzen um mich herum, halten aber Abstand. So endet dieser Sonntag in Dunkelheit, Melancholie und wohlig-müder Entspannung.

Kurzfilm meines Lebens

Da mein Waldstück wie eine Insel von Wiesengras und hochgewachsenen, grünen Getreidehalmen eingeschlossen ist, muss ich schon früh um 7 Uhr im Schleich- und Beugegang mit Schamgefühl das aufrechte und frisch Gewachsene niedertreten, um an eine Landstraße zu gelangen. Bei jedem Auto mache ich mich platt, um nicht gesehen zu werden.

Es ist sehr warm. Stunde um Stunde laufe ich geradeaus bis zum Horizont, durch Getreide und Wiesen, kein Baum, kein Strauch. Gott sei Dank nur wenige Autos. Die Beine haben zu tun, aber was macht der Kopf in dieser Eintönigkeit? Die Gedanken verlieren sich in Erinnerungen, von denen viele wahrhaftig interessant und spannend sind. Wie ein Buch, mit Kriegs- und Nachkriegsgeschichten: Herumstromern in Ruinen, Ziegenhüten, riskantes Bäumeklettern, Angeln in Flüssen und Seen, Wochenendwandern mit Eltern und Bruder, und der Terrier Schnipp immer dabei. Schule in Köpenick und Friedrichshagen mit Eingriffen seitens der stalinistischen Obrigkeit, Flucht der Familie nach Westberlin, malochen im Ruinenabriss, Pädagogische Hochschule, Studentenfeten, berufliche Erfüllung als Lehrer, wunderbare Klassenfahrten mit tollen Schülern.

Große Wandertour mit Eberhard in Südfrankreich und Nordspanien, kreuz und quer durch Persien, mit Gisela 10.000 Dampflock-Kilometer durch Russland, Russischstudium, viele Berlin-Marathons, der 100-Kilometerlauf von Biel. Mit Eberhard abenteuerliche Wander-, Lauf-, Kanu- und Radreisen in Alaska, Kanada und Australien.

Nach der deutschen Einheit mit Eberhard Triumphlauf 400 Kilometer rund um Berlin. Mit dem Rad auf Fontanes Spuren in der Mark Brandenburg. Musizieren mit netten Menschen, Segelboot am Wannsee, Giselas Krankheit und Tod, große Radreisen in der weiten Welt. Lehrer trifft nach 50 Jahren auf Ex-Schülerin, gemeinsam nach Spiekeroog, Usedom, Hiddensee...

Es ist Nachmittag geworden. Nach jeder Trinkpause, die einem Aufwachen aus dem Lebensfilm gleicht, winkt ein neuer Horizont. Der 4/4-Takt der Schritte wird mit größter Präzision fortgesetzt, und aus dem Musikspeicher meines Gehirns purzeln unendlich viele Lieder. Das geht mir fürchterlich auf den Nerv. „Aufhören!" verbiete ich mir diese Unart. Wenn wenigstens auch die Liedertexte zum Vorschein kämen...

Mit Pfingstrose nach Augustow

Nach vielen Stunden bringt mich das Städtchen Barglow in die Gegenwart zurück. Morgen möchte ich schon am Vormittag in Augustow sein, also gibt es nur ein kurzes Halten. Der Wald hat mich wieder, speist mich mit frischer Energie. Plötzlich hält neben mir ein schickes Auto und eine ebenso schicke blonde Frau steigt aus. Sie spricht mich gleich auf deutsch an - an meinem Wägelchen hängt ein polnisches und ein deutsches Fähnchen. Sie ist neugierig, freut sich über meinen Unternehmungsgeist. „Ich habe schon so manchen Nomaden mitgenommen. Zuletzt war es ein Mann ohne Arme, der durch Polen trampte."

Die Frau war 30 Jahre im Gerling-Konzern angestellt. Nun ist sie dabei, sich eine Mühle nach ihrem Geschmack auszubauen. Zum Schluss unseres Gespräches nimmt sie von einem Pfingstrosenstrauß eine Blume und reicht sie mir mit guten Wünschen.

Meine Tagebuchnotizen vom 28. Mai beginnen folgendermaßen:

> Gerade war alles eingepackt, 7 Uhr, da tröpfelte es los und steigerte sich von Stunde zu Stunde. In einem Bus-Wartehäuschen aß ich mein Frühstück (alte Schrippe, Frischkäse, Schokoladenrest)...

Zwischen einer Autobahn und einer stark befahrenen Landstraße erlebe ich eine unangenehme Wegstrecke Die Autobahn teilt eine mit „I" und „II" bezeichnete Siedlung ohne Hinweisschilder.

Da ich mir in Mragowo Stadtpläne von Augustow und Suwałki gekauft hatte, laufe ich sofort nach meiner Ankunft in Augustow zielgerichtet zu einem etwas außerhalb gelegenen Hotel. Auf meine Frage, wie weit es zum Hotel „Warschawa" sei und auf mein Stöhnen über die Antwort „vier Kilometer" sagt das Pärchen lachend, das Laufen sei doch schließlich, wie man sieht, mein Vergnügen. Das stimmt ja auch, aber kurz vor einem lang ersehnten Ziel bricht plötzlich die Moral zusammen.

Zwei Stunden brauche ich, bis ich die Stadt durchquert habe. Dafür belohnt mich das Komfort-Hotel am Necko-See mit einem schönen Zimmer und mit allen leiblichen Genüssen, die ich mir vorgestellt habe. Beim Bezahlen an der Rezeption überfällt mich die Angst, ob ich die Visa-Kartennummer richtig im Kopf habe. Ratterratter - die Bezahlung wird automatisch abgebucht, ich bin gerettet!

Bei Bier, Nudeln und Tiramisu am Abend habe ich hinter der großen Glasscheibe zum Park hin das Schauspiel von Blitz, Donner und Wolkenguss. Auch nach dem Frühstück hält mich ein dichter Regen im Hotel fest. Er dauert den ganzen Vormittag über an. So kann ich mich erst spät auf den Weg in die Stadt machen, drei Kilometer.

Mit scheint, ohne meinen treuen Back-Packer-Sulky kann ich nicht mehr richtig die Spur halten, ich torkele wie ein Betrunkener. Die Altstadt hat ein Flair, das mich mit klassizistischen Hausfassaden, Parks und einer großen Kirche im litauischen Baustil anspricht. Ihren Namen bekam die Stadt vom polnischen König Sigismund August im Jahre 1557. 1656 zerstörten die Tataren Suwałki, es folgte die große Pest, 1795 kam Augustow an Preußen. Nach dem Sieg über Preußen gliederte Napoleon die Stadt dem Herzogtum Warschau an, nach Napoleons endgültiger Niederlage kam sie zu Kongresspolen und unter russische Oberherrschaft. Im 2. Weltkrieg wurde Augustow zu 70% zerstört.

Nach 1945 kam es hier zu der berüchtigten „Razzia" des sowjetischen Militärs im Rahmen der Bekämpfung des antikommunistischen Untergrunds. Etwa 7000 Personen wurden verhaftet und gefoltert, 700 von ihnen verschleppt. Keiner tauchte wieder auf. Bis 1963 hielt der bewaffnete Widerstand der „Verstoßenen Soldaten" gegen die Sowjetische Armee an. Das hing natürlich mit den großen Wäldern und Sümpfen in diesem Gebiet zusammen, die viele Rückzugsmöglichkeiten bot.

Heute ist Augustow eine beliebte Touristenstadt, vor allem, wegen seiner großen Seen. Im Park hängen große Schautafeln, auf denen es um die Wildbienen der umliegenden Wälder geht. Die Bienennester stehen unter Schutz und Aufsicht, ein Teil des Honigs wird „geerntet" und zeichnet sich durch Reinheit und Geschmack aus.

Der Schwung ist raus

Am Rande der „Pusczta Augustowka", einer für mich kaum passierbaren Wildnis, geht es am 30. Mai schon um 6.30 Uhr los, zunächst nach Plaska. Dort kann ich von einer Brücke aus einen Blick auf den „Kanala Augustowska" werfen, der Mitte des 19. Jahrhunderts gebaut wurde und den Netta-See mit dem Fluss Niemen verbindet. Zu Hause hatte ich mit dem Gedanken gespielt, meine Tour über die litauische Grenze hinweg fortzusetzen, um von einem Ostseehafen aus nach Deutschland zurückzukehren. Das wäre aber, wie sich unterwegs bei Recherchen herausstellte, kompliziert und teuer geworden.

Außerdem stelle ich mir in letzter Zeit die Frage, ob mein Körper nicht grundsätzlich mal eine längere Ruhepause bräuchte, ob ein Weitermarschieren mir nicht gesundheitlich schaden könnte. Ich spüre, mir fehlt auf einmal der Esprit, die Wanderlust beim morgendlichen Aufbruch und die körperliche Unbekümmertheit. Kurz gesagt: Es schwächelt in mir. Das kann auch mit einem Mangel an Kalorien zusammenhängen, deren sporadische Zufuhr über sechs Wochen hinweg vielleicht nicht ausreichte. Deshalb soll die Stadt Suwałki das Endziel meiner Reise sein. Der Name barg schon bei der Planung der Tour für mich Vorstellungen wie „weit abgelegen im Osten", „wilde Natur ringsum", „mehr litauisch als polnisch".

Bewusst habe ich meinen Kurs durch ein längeres Waldgebiet gewählt, über Strzelcowitzna und Podmacharce, weil sich entlang dem Servy-See auf der Karte eine Siedlung entlang zieht. Das erinnert mich an Deutschland, wo ebenfalls private Wassergrundstücke den Zugang zum See für die Allgemeinheit verwehren.

Die Vorstellung, mehrere Tage durch diese Wald- und Sumpfwildnis zu laufen, beladen mit Wasservorräten, umschwirrt von blutgierigen Insekten, macht mir auf dem 30-Kilometer-Marsch bis zum riesigen Wigry-See klar, dass es mehr eine Expedition als eine Wandertour sein würde.

Mehrmals teste ich abends eine Übernachtungsstelle, aber der Untergrund ist zu modrig. Erst als der Weg zum Dorf hin ansteigt, kann ich am Rande einer Kiesgrube ein lichtes, trockenes Plätzchen mit Mundharmonika-Rhythmen zum letzten Zeltplatz meiner Reise küren.

Noch sieben Kilometer bis Suwałki

Suwalki: Alte Kasernen

Alexanderkirche in Suwałki

Stadtzentrum mit Pilsudski-Denkmal

Wandgemälde: Ehepaar Pilsudski

Im Stadtpark

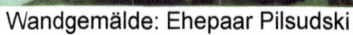

Wochenendvergnügen

Suwałki

Heute erfolgt mein Sturm auf Suwałki. Wie gestern bin ich schon um 5 Uhr mit dem Einpacken beschäftigt. Mein Adrenalinspiegel muss hoch sein, denn es geht hurtig voran. Nach 15 Kilometern betrete ich den rechten Seitenstreifen der „Bundesstraße" 8, muß wieder mal die quälenden Begleiterscheinungen des starken Autoverkehrs ertragen. Ich beschleunige mein Tempo, um die sieben Kilometer bis an die Stadtgrenze schnell hinter mich zu bringen.

Der Stadtplan klärt mich darüber auf, dass es wohl zwei Stunden dauern wird, bis ich das Hotel „Loft" erreiche. Also: Stärkung in der nächsten Tankstelle mit Kaffee und Hot-Dog. Auf dem langen Weg zum Zentrum begleiten mich rote Ziegelbauten. Es sind Kasernen, mit dem Datum 1895 über den Portalen der einzelnen Gebäude. Das Kasernen-Areal muss Tausenden Soldaten als Unterkunft gedient haben, typisch für eine Grenzstadt zu Russland, auch heute, denn schon folgt die Fortsetzung mit neuen Kasernen, Nato-Emblemen und einem Ausstellungsgelände für Waffen konventioneller Art.

Das Stadtzentrum beeindruckt mich. Nachdem die Wojska Polskiego -Straße des polnischen Heeres - hinter mir liegt, schmückt es sich in der anschließenden Straße Tadeusza Kosziuski – Nationalheld: Militäringenieur, 18. Jh. - mit einer nicht enden wollenden Reihe von Häusern aus dem 18./19. Jahrhundert, alle frisch restauriert. So habe ich mental sogleich den richtigen Zugang zu dieser Stadt. Das Hotel „Loft" befindet sich in einem 140 Jahre alten ehemaligen Militär-Gebäude, das anstatt mit Eisenpritschen heute mit modernem Komfort ausgestattet ist. Ringsum gut gepflegte Sport- und Spielstätten, Parks und Bänke, riesige moderne Sporthallen, eine gute Adresse. Das Zimmer hatte ich schon in Augustow reserviert.

Zwei baltische blonde Schönheiten nehmen mich freundlich in Empfang. Sie zeigen sich interessiert an meiner Tour, lassen sich mit mir fotografieren und bitten um mein Autogramm. Alles läuft sehr natürlich ab, und ich empfinde weder Schmeichelei, noch blähe ich mich wie ein Gockel. In den nächsten Tagen bekomme ich immer ein Winkewinke zugeworfen, wenn ich vorbeigehe. An zwei Nächten wird im Saal unter meinem Zimmer kräftig polnisch gefeiert mit Musik, die mir zusagt. Daher fühle ich mich nicht gestört.

Am folgenden Tag genieße ich das Flair der Altstadt. Ein ukrainisches Restaurant verwöhnt mich mit einem guten Essen und einem wunderbaren

Nachtisch. Als ich bezahlen will, erklärt mir der deutsch sprechende Kellner: „Das spendiert Ihnen meine Chefin." Er hatte ihr wohl von meinem Abenteuer berichtet. Im Hotel darf ich ein anderes Zimmer beziehen, weil der Fernseher nicht funktioniert. Zudem bekomme ich als „Entschädigung" noch einen Preisnachlass.

Der nette Kellner vom ukrainischen Restaurant hat sich auch nach Bahnverbindungen in Richtung Berlin erkundigt. Ergebnis: Abfahrt morgen früh um 6.27 Uhr ab Bahnhof Suwałki. Die Rezeptionsmädels bestellen mir ein Taxi. Ich klappe meinen Sulky zu einem transportablen Paket zusammen und nehme innerlich Abschied.

Montag, 3. Juni: Pünktlich werde ich per Telefon geweckt. Die Rezeption überreicht mir ein Lunchpaket für die lange Reise. Schon hält das Taxi am Eingang. Ein junger Mann fährt mich. Am Bahnhof lehnt er trotz meines Drängens die Bezahlung ab. Mit preußischer Pünktlichkeit geht die Reise los. Es geht über Bialstock nach Warschau. Mein Abteil bleibt fast leer.

In Warschau muss ich umsteigen und mir mit den letzten Slotys ein neues Ticket besorgen. Die Warteschlange ist lang, aber meine Nerven bleiben ruhig. Durch viele Bahnbaustellen aufgehalten, zuckelt mein neuer Zug behäbig durch eine platte Landschaft. Ich genieße den Blick aus dem Fenster und habe freundliche, ruhige Mitfahrer im Abteil. Nach sechsstündiger Fahrt erreichen wir den Berliner Hauptbahnhof. Ein polnischer, sehr netter Fahrer setzt mich eine Stunde später dort ab, wo mich Herzlichkeit, Lachen und mein bestelltes Wunschessen – Pellkartoffeln mit Kräuterquark und Leinöl – empfangen.

Do zobaczenia i dzielkuje ci serdecznie za wszystko, Polska!
Auf Wiedersehen und herzlichen Dank für alles, Polen!

Kinderfest

Die stolzen Eltern schauen zu

Bahnhof Suwalki: Ende der Wanderung

Do widzenia

Bitte umblättern →

Rosenke-Bücher

(in allen Buchhandlungen und als E-Books erhältlich)

Reinhard Rosenke: Rund um die Ostsee. 10.000 Kilometer auf dem Fahrrad
Karte, 220 S., davon 57 farbig, Berlin/München 2007.

Reinhard Rosenke: Berlin – Wolgograd. Eine Radreise
Karte, 128 S., davon 43 farbig, Berlin/München 2009.

Reinhard Rosenke: Berlin – Königsberg. Mit dem Rad nach Russisch-Ostpreussen
Karte, 188 S., davon 47 farbig, Berlin/München 2010.

Reinhard Rosenke: Meine Wanderung von Zittau nach Rumänien.
Sudeten Beskiden Karpaten
Karte, 168 S., davon 48 farbig, Berlin/München 2011.

Reinhard Rosenke: Mit dem Fahrrad im Südmeer. Neuseeland Tasmanien Samoa
Karte, 196 S., davon 52 farbig, Berlin/München 2013.

Reinhard Rosenke:Lockruf Feuerland. Mit dem Fahrrad ans Ende der Welt.
Karte, 164 S., davon 60 farbig, Berlin/München 2016.

Eberhard & Reinhard Rosenke: Wildniswandern in Kanada und Alaska.
Zu Fuß und im Kanu.
Karte, 172 S., davon 30 farbig, Berlin/München 2002.

Eberhard & Reinhard Rosenke: Australisches Radabenteuer
Über Queenslands Rüttelpisten bis zur Nordspitze.
Karte, 204 S., davon 26 farbig, Berlin/München 2002.

Eberhard & Reinhard Rosenke: Gebirgswandern.
Von Oslo nach Trondheim auf dem Olavsweg/Mt.Kenia-Massiv und Kilimandscharo
Karte, 99 S., davon 60 farbig, zahlreiche sw-Abb.

Eberhard Rosenke: Ein Rucksackdeutscher tippelt von München nach Berlin
Karte, 218 S., zahlreiche Abbildungen (sw), München 2002.

Eberhard Rosenke: Aquarelle von unterwegs. 124 S., davon 119 farbig, München 2015.

Eberhard Rosenke: Philosophische Streitgespräche.
Über naturwissenschaftliche Ungereimtheiten, philosophische Denkfallen und die Folgen
268 S., München 2017